QUAND JE SERAI GRANDE
JE CHANGERAI TOUT

COLLECTION DIRIGÉE
PAR MARIE HERMANN

MEHDI CHAREF, *Le Harki de Meriem*

HOWARD FAST, *Spartacus*

TASSADIT IMACHE, *Des cœurs lents*

FLAVIO STEIMANN, *Bajass*

Originally published in the German Language as
Das Mädchen, mit dem die Kinder nicht verkehren durften
by Irmgard Keun

The novel has been originally published in 1936
with Allert de Lange, Amsterdam

BP 70072, F-13192 Marseille cedex 20
<www.agone.org>
ISBN 978-2-7489-0325-6

Irmgard Keun

Quand je serai grande je changerai tout

Traduit de l'allemand par Michel-François Demet
Entièrement révisé par Marie Hermann

INFIDÈLES

Édition préparée par Claire de Bertrand de Beuvron et Marie Laigle.

L'auteure que les lecteurs n'avaient pas le droit de fréquenter

« Je suis lâche : j'ai par exemple une peur panique des explosifs, des fonctionnaires munis de porte-documents – ceux qui n'ont qu'un uniforme sont généralement moins perfides –, des chevaux sauvages, des revolvers même non chargés, des araignées, des papillons de nuit, des chauvins, des logeuses, des fanatiques avec ou sans vision du monde. J'ai tout particulièrement peur de la guerre et des bombes atomiques [1]. » Telle est la description qu'Irmgard Keun donne d'elle-même, elle qui, s'il lui est peut-être arrivé de capituler devant des insectes,

1. « Porträt einer Frau mit schlechten Eigenschaften », *Wenn wir alle gut wären*, Kiepenheuer & Witsch, 1983, p. 103.

n'en a pas moins fait preuve d'un grand courage dans d'autres circonstances.

De sa biographie, il est ardu d'établir le moindre élément avec certitude; et ce flou débute dès la date de naissance. Sylvie Schnettler-Delacroix, une universitaire penchée sur son cas[1], a recensé, dans un corpus de 130 articles de presse parus à son sujet de 1933 à 1983, six dates différentes. On considère désormais généralement qu'elle est née en 1905, mais sans la moindre preuve, tous les documents officiels ayant été détruits et l'ensemble des témoins disponibles refusant de s'engager sur ce point. Le reste de sa vie est à l'avenant, ce qui est dû à l'époque tourmentée qu'elle a traversée, à une série de hasards parfois bienvenus mais aussi à la volonté même d'Irmgard Keun, qui s'est fait une joie de brouiller les pistes et de contribuer à élaborer son propre mythe. Elle n'a ainsi donné au début de sa carrière que de très rares interviews, s'enveloppant d'un halo de mystère pour, au contraire, raconter à la fin de sa vie une multitude de versions différentes des mêmes faits.

1. Sylvie Schnettler-Delacroix, *« Gilgi », « Après minuit », « Ferdinand » – Trois romans clés de l'oeuvre d'Irmgard Keun*, thèse de doctorat soutenue à l'université de Metz, faculté des lettres et sciences humaines, 1986.

Il n'en reste pas moins certain que son père était négociant à Cologne, puis directeur d'une raffinerie à partir de 1914. Son enfance bourgeoise, si elle semble avoir été heureuse et protégée, ne l'a pas beaucoup inspirée, ne serait-ce que parce que « cela [l']aurait obligée à couvrir de ridicule tant d'oncles et de tantes abominables qu'[elle aurait] encore récolté des tas d'ennuis[1] ». On la dit dans un premier temps sténo-dactylographe, ce qui étonne avec une telle ascendance – elle aurait même pris d'encore plus improbables cours particuliers de machine à écrire –, ce qui s'explique sans doute par le fait qu'elle ait travaillé un temps dans les bureaux paternels. On raconte qu'elle devient ensuite actrice, carrière qui s'est sans doute limitée à la fréquentation de l'école d'Art dramatique de Cologne – où elle se fait la réputation d'une « nouvelle Rosa Luxemburg » parce qu'elle n'hésite pas à en venir aux mains avec les nazis qui l'approchent – et à quelques rôles mineurs endossés sans grande conviction pendant une année ou deux.

1. Interview avec Irmgard Keun diffusée sur la chaîne allemande WDR en 1980 – bien qu'il soit probable que les abominables tantes et oncles qui hantent *Quand je serai grande...* ne soient pas sans points communs avec ceux de l'auteure.

En 1931 (à moins que ce ne soit déjà en 1929), toujours à Cologne, elle assiste à une lecture d'Alfred Döblin, à l'issue de laquelle elle va à sa rencontre pour lui proposer de l'initier au Cologne interlope : ils auraient alors disparu pendant plusieurs jours pour arpenter les bas quartiers de la ville. « Tout ce qui était marginal me fascinait, dit Keun. L'autre côté, je le connaissais jusqu'à l'écœurement : les après-midi que l'on passe à boire du café et papoter – je n'aurais jamais pu en tirer quoi que ce soit [1]. » Il est communément admis que Döblin lui conseille alors d'écrire et l'incite à venir s'installer à Berlin, où il l'introduit dans les cercles littéraires qu'il fréquente.

Elle écrit son premier roman, *Gilgi, eine von uns* (« Gilgi, l'une d'entre nous »), en cinq mois ; il s'en vendra 30 000 exemplaires en un an. *Das kunstseidene Mädchen* (« La jeune fille en soie artificielle ») paraît l'année suivante et rencontre un succès comparable. Les deux œuvres décrivent le quotidien de jeunes femmes issues des classes populaires tentant, en pleine crise économique, de nourrir leur insatiable appétit de vie et leur aspiration à d'autres horizons que le mariage et la maternité.

Irmgard Keun dit avoir été marquée par Goethe, Fontane, Nietzsche, Voltaire ou Dostoïevski, mais

1. Extrait du film *Ich habe mich überall zu Hause gefühlt – Irmgard Keun im Gespräch mit Christa Maerker*, 1980.

aussi par ses contemporains Joseph Roth, Kurt Tucholsky et, bien sûr, Alfred Döblin. Elle partage avec ce dernier le goût de l'écriture dans les cafés, imprégnée des conversations ambiantes et du langage de la rue ; et une volonté de faire exister dans la littérature le petit peuple allemand (et particulièrement berlinois) mis à mal par la crise de 1929, qu'ils soient employés, chômeurs, marginaux, femmes de chambre ou gardiennes de toilettes publiques. La langue que Döblin et Keun emploient comporte aussi de nombreux points communs, entre les phrases hachées ou elliptiques, l'argot et le dialecte, les procédés cinématographiques et le monologue intérieur [I].

Elle est immédiatement remarquée par Hans Fallada, qui y voit « beaucoup du courage de la jeunesse [II] », par Kurt Tucholsky qui lui trouve « l'humour d'un homme qui a de l'embonpoint » mais

I. L'écriture de Keun est ainsi décrite dans le *Frankfurter Allgemeine Zeitung* comme « un mélange fulgurant de tubes et de machine à écrire, de monologue intérieur, de lyrisme tendre et de langage familier repris très soigneusement des panneaux publicitaires et des revues ». (« Keine von uns und keine von ihnen », 4 février 2005, p. 42).

II. « Fünf Frauen schreiben », *in Die Literatur*, 34e année, 1931-32, p. 250. Hans Fallada sera notamment l'auteur de *Seul dans Berlin*, sur la résistance allemande antinazie, publié en 1947 aux éditions Aufbau.

aussi « du cœur, de la raison et des sentiments », ou encore par Hermann Kesten pour qui « tout en elle parlait, riait, ricanait, pleurait ». Mais cette ascension est rapidement contrecarrée par l'arrivée au pouvoir de Hitler en janvier 1933. « Ce maudit régime me rend malade – l'air est empoisonné, on n'ose plus respirer, et encore moins penser », écrit-elle à Arnold Strauss, un amant médecin juif rapidement émigré, le 1er avril de la même année. *Gilgi* ne tarde pas à figurer sur une liste d'ouvrages interdits aux libraires[I], qualifié de « littérature sexuelle » à cause d'une scène où l'héroïne tente de convaincre un gynécologue de l'avorter, puis la Chambre pour la culture interdit *La Jeune Fille...* D'autres versions rapportent que son œuvre est classée « littérature de l'asphalte avec tendances anti-allemandes[II] », comportant des « attaques haineuses contre la morale bourgeoise et le caractère national allemand », et brûlée lors des autodafés de 1933. Quoi qu'il en soit, Keun fait partie des rares écrivains interdits par le IIIe Reich sur l'unique argument des sujets qu'elle aborde et de sa manière de les traiter.

I. Liste établie pour le compte du ministère du Reich à l'Éducation du peuple et à la Propagande.

II. Le terme *Asphaltlitteratur*, par lequel les nazis désignent la littérature malsaine et dégénérée qu'ils interdisent et brûlent, s'oppose à la littérature officielle, celle du « sol et du sang » (*Blut und Boden*).

En 1935, elle envoie une série de lettres recommandées à différents tribunaux allemands pour exiger l'ouverture d'une procédure statuant sur la légalité des actions entreprises contre elle, et demandant des dommages et intérêts. Certains rapportent qu'en 1936 elle aurait poussé la provocation jusqu'à présenter une demande d'admission dans la Chambre de littérature du Reich visant à obtenir une autorisation de publication ; d'autres, qu'elle aurait littéralement porté plainte contre le régime pour privation de ses moyens d'existence. Ce qui est certain – et pas très surprenant –, c'est qu'aucune de ces procédures n'a abouti ; mais plus étonnamment, aucune d'elles n'a donné lieu à des poursuites sérieuses.

En 1936, elle parvient à quitter l'Allemagne pour la Belgique, et publie rapidement *Das Mädchen, mit dem die Kinder nicht verkehren durften* (« La petite fille que les enfants n'avaient pas le droit de fréquenter »), traduit plus tard en français sous le titre *Quand je serai grande je changerai tout*, chez Allert de Lange, un éditeur allemand exilé en Hollande. Durant ses propres années d'exil, elle se lie d'amitié avec Egon Erwin Kisch, Hermann Kesten, Stefan Zweig ou encore Heinrich Mann, et vit une liaison d'un an et demi avec Joseph Roth. Sans cesse rattrapée par le manque d'argent et des problèmes de visa, elle erre entre Ostende, la Pologne, Paris, Nice, l'Italie, New York et les Pays-Bas. Elle publie en 1937 chez Querido, un autre éditeur exilé, *Nach Mitternacht* (« Après minuit »), sur l'Allemagne des petits délateurs complices du pouvoir et la futilité de la résistance individuelle face au nazisme, puis *Kinder aller Länder* (« Enfants de tous les pays ») et *D-Zug dritter Klasse* (« Rapide de troisième classe »), sur l'exil, en 1938.

Le 10 mai 1940, elle se trouve à Amsterdam quand l'armée allemande envahit la Hollande. On la croit alors disparue et une rumeur se répand, diffusée entre autres par le *Daily Telegraph,* selon laquelle elle se serait suicidée. Keun se garde bien de démentir (peut-être même amplifie-t-elle la rumeur, à moins qu'elle n'en soit à l'origine) et parvient à convaincre un officier de la police militaire allemande, « un être un peu primitif – plus un rêveur qu'un fanatique[1] », de lui procurer un faux passeport. Sous cette nouvelle identité, elle... rentre clandestinement en Allemagne.

Elle s'y cache jusqu'à la fin de la guerre, espérant que les Allemands en sortiront vaincus, dans une grande solitude où tout lui est devenu indifférent. Elle dit n'avoir retrouvé goût à la vie qu'en risquant de la perdre dans les bombardements, et

1. Irmgard Keun, « Sie tragen keine Hakenkreuze mehr... », p. 35.

racontera dans une émission de radio diffusée sur la Nordwestdeutscher Rundfunk que même les pires moments d'exil étaient paradisiaques comparés à cette Allemagne « grise, sinistre et monstrueuse » peuplée de mécontents du nazisme qui espéraient quand même gagner la guerre, d'opposants à Hitler qui lui trouvaient quand même des bons côtés – comme on préciserait d'un criminel qu'il s'essuie tout de même très poliment les pieds sur le paillasson avant d'entrer dans les maisons qu'il pille et dont il massacre les occupants.

Après-guerre, dans les ruines et le dénuement, effarée du nombre de nazis ordinaires qui cherchent à se faire passer pour des résistants, de la vague de catholicisme bigot qui déferle sur l'Allemagne, de l'opportunisme et du profit partout triomphants, elle ne rédige que des feuilletons, des articles et des textes satiriques pour la radio et divers journaux. Son septième et dernier roman, *Ferdinand, der Mann mit dem freundlichen Herzen* (« Ferdinand, l'homme au cœur tendre »), paraît chez Droste en 1950. Le personnage principal – le seul dans les livres de Keun qui soit un homme – rentre d'un camp de prisonniers usé, désabusé ; son histoire est racontée à travers des fragments, des collages, un assemblage d'impressions.

Commence alors une longue période de silence, d'oubli et d'anonymat forcé, sort partagé par de nombreux écrivains allemands de retour d'exil dont la lucidité d'avant-guerre paraît insupportable aux Allemands du miracle économique. Les quelques tentatives menées par différents éditeurs de rééditer son œuvre se soldent par des échecs et, malgré la naissance de sa fille Martina en 1951, dont Keun ne dévoilera jamais l'identité du père, elle sombre dans l'alcool, jusqu'à être internée en 1966 dans un hôpital psychiatrique de Bonn, où elle aurait passé six ans.

En 1974, son décès est à nouveau annoncé à tort ; mais cinq ans plus tard elle est enfin redécouverte par le biais de journalistes, de lectures publiques et de groupes féministes. L'ensemble de son œuvre est alors réédité avec un grand succès chez Claassen. Elle obtient en 1981 le prix Marieluise-Fleißer, et reçoit une avance des éditions Kiepenheuer und Witsch pour une autobiographie titrée « Il n'y a pas d'abonné au numéro que vous avez demandé ». Elle en aurait lu de longs extraits par téléphone à ses amis, mais personne n'en verra jamais une ligne. Autre projet avorté, un roman par lettres coécrit avec son ami Heinrich Böll, titré « Correspondance pour le monde d'après », qui n'aurait pas trouvé d'éditeur mais n'a peut-être tout simplement jamais existé.

Irmgard Keun meurt en 1982 d'un cancer du poumon, à l'âge plus qu'incertain de soixante-dix-sept ans.

En France, ses deux premiers romans ont été traduits immédiatement après leur parution chez les deux grands éditeurs rivaux de l'époque : *Gilgi, jeune fille des années 1930* paraît chez Rieder en 1933, la même année que *La Jeune Fille en soie artificielle* chez Gallimard. *Après minuit* et *Ferdinand*... (sous le titre *Retour à l'anormale)* paraissent respectivement chez Stock en 1939 et en 1950[1] ; puis plus rien n'est publié avant la redécouverte de l'auteure en Allemagne à la fin des années 1970. C'est alors Balland qui (ré)édite l'ensemble de ses romans, à raison d'un titre par an de 1980 à 1985 – seul *D-Zug dritter Klasse* n'aura jamais été traduit.

Quant à *Quand je serai grande*..., le troisième roman de Keun, il tient une place à part dans son œuvre. D'abord parce qu'il joue avec les codes que respectaient plus ou moins les deux premiers romans, ceux du *Bildungsroman* (« roman d'apprentissage ») – même si ses personnages principaux, contrairement à la très grande majorité des romans de cette tradition, sont des femmes – et de la *Neue Sachlichkeit* (« Nouvelle objectivité »), mouvement

1. *Après minuit* a été réédité chez Belfond en 2014.

post-expressionniste de l'entre-deux-guerres revendiquant un art sobre et réaliste, un ancrage des artistes et des intellectuels dans des revendications politiques allant de la social-démocratie à l'extrême gauche, et des thématiques concernant la vie quotidienne des classes populaires. Dans *Quand je serai grande...*, l'héroïne a certes tout à apprendre, mais reste à la fin du livre une enfant dont il serait difficile d'affirmer, contrairement aux trajectoires classiquement construites par les romans d'apprentissage, qu'elle a beaucoup mûri ; le roman est certes ancré dans un contexte politique (la fin de la Première Guerre mondiale) mais qui ne semble qu'un prétexte pour parler d'un autre (la montée du nazisme), et il aborde l'injustice et les inégalités sociales en moquant la petite-bourgeoisie plutôt qu'en décrivant le monde ouvrier.

Cette œuvre représente aussi un point de bascule vers ce qui deviendra selon les propres mots de Keun sa « tâche suprême » : « la lutte contre le nazisme, l'acharnement, l'apathie et la barbarie humaine » – tâche à laquelle s'attelleront tous ses romans suivants. Comme un Karl Kraus, elle attaque dans ses romans les illusions créées et entretenues par les médias, tournant en ridicule des extraits de propagande nazie et dénonçant la récupération de mythes venant renforcer l'idéologie nationale-socialiste ; comme lui également, elle montre que ladite idéologie ne peut mener en dernière instance qu'à la dissolution du langage et du sens. Elle fait éclater le caractère discret, insidieux et difficile à contrer de la violence bureaucratisée ; de même que celle de la cellule familiale petite-bourgeoise invariablement présentée comme un modèle indépassable.

Mais contrairement aux romans suivants, *Quand je serai grande* est porteur d'un réel espoir. Il est possible, comme l'avance Beate Kennedy dans une thèse publiée en 2014 [1], que Keun ait mis un enfant au centre des histoires composant ce recueil pour leur donner une apparence inoffensive et les publier sous forme de feuilletons dans des journaux, en pleine Allemagne nazie – comptant sur leurs différentes strates de sens pour à la fois passer au travers de la censure et encourager la résistance intérieure. Impossible en effet, à la lecture du chapitre « J'ai peur », de ne pas penser à la folle militarisation de l'Allemagne à l'œuvre dès 1933 ; de même que dans « Nous écrivons à l'empereur », la foule concluant face à une démonstration de brutalité policière que ce fonctionnaire « n'a fait que son devoir » rappelle immédiatement la molle

1. *Irmgard Keun : Zeit und Zitat. Narrative Verfahren und literarische Autorschaft im Gesamtwerk,* éditions Walter de Gruyter, 2014.

adhésion du peuple allemand à l'idéologie nazie. Cette jeune narratrice, dotée d'une confiance en soi que n'altère aucun compromis, d'une absence totale de sens de la nuance, d'une infinie liberté de ton et d'esprit et d'un humour ravageur, permet également à Keun de présenter l'opposition au bellicisme, à la morale bourgeoise, à l'injustice, à la misogynie et, par extension, au nazisme, comme tout simplement logique, frappée au coin du bon sens. « Même un enfant pourrait comprendre cela », semble marteler le roman, sous-entendant que les nazis ne possèdent pas le bagage intellectuel d'un enfant de 10 ans et faisant de cette petite fille humaniste, qui ne porte pas de nom, une figure générique de dominée révoltée contre sa condition.

Quand je serai grande... offre enfin l'occasion à Keun de parler discrètement d'elle-même, qui vient d'être décrétée infréquentable par le IIIe Reich, comme la petite fille « que les enfants n'avaient pas le droit de fréquenter » du titre original, dont elle partage l'impertinence et le courage. En 1934, Arnold Strauss écrit d'elle qu'elle « effraie tout le monde parce qu'elle écoute non les paroles, mais les pensées des gens et qu'il est très inconfortable de se voir rétorquer quelque chose à ses pensées et non à ses paroles, en particulier quand c'est fait avec humour ».

Mon premier testament

Mes parents prennent toujours le parti des institutrices : c'est pourquoi après l'école, je suis directement allée voir M. Kleinerz, qui habite à côté, pour tout lui raconter.

M. Kleinerz est déjà vieux, il a au moins quarante ans et ne peut donc plus avoir d'enfants tout seul. Les gens disent que c'est mon père qui m'a mise au monde. Je ne sais pas comment il a fait mais je crois que c'est très difficile, et mon père a beaucoup de mérite. Je me demande juste où j'étais avant.

M. Kleinerz n'a plus de femme non plus. Ma mère dit qu'il n'avait vraiment pas mérité une femme comme la sienne et qu'en plus du reste, à la fin, elle a contracté des dettes en son nom.

J'ai le droit d'aller le voir quand je veux, dans son jardin où il y a parfois des petits oiseaux qui tombent du nid. On les élève, les soigne, mais ils meurent presque tous parce qu'ils ont une blessure à l'intérieur et veulent retrouver leurs parents, ils pépient sans arrêt jusqu'à ce qu'ils meurent. Ces petits oiseaux, c'est effroyable, mais en ce moment nous avons une grive qui tient le coup.

Je parle beaucoup avec M. Kleinerz, mon père aussi lui pose souvent des questions sur les impôts. M. Kleinerz m'a dit : les hommes se doivent d'être bons, mais ce n'est pas une raison pour qu'ils acceptent d'être pris pour des imbéciles. Je lui ai tout raconté sur Mlle Scherwelbein – et si l'enterrement a lieu samedi, il faudra qu'il invite mes parents et la tante Millie pour qu'ils n'aillent pas se promener près du cimetière de Melaten où ils pourraient apprendre que je suis la seule de toute l'école à ne pas participer.

Je ne comprends absolument pas comment toute cette histoire est arrivée, ni pourquoi. D'abord j'ai raté mon tramway, ce qui me fait toujours arriver en retard à l'école. J'étais déjà étonnée d'entendre du bruit en arrivant, parce qu'il était huit heures dix. Dans la classe il n'y avait pas d'institutrice, et j'ai moi aussi commencé à chahuter. Mais pas trop. J'ai juste glissé deux ou trois petits gratterons prélevés dans le stock que j'ai toujours sur moi sur la tête de ce malotru de Traut Meiser. Traut passe son temps à se moquer de moi et n'a pas le droit de me fréquenter parce que j'entretiens des relations de vive hostilité avec sa mère.

Mon amie Elli Puckbaum a éclaté de rire et Traut s'est mis à hurler – c'est là qu'est arrivée Mlle Knoll, notre institutrice. Le silence est revenu, les cheveux de Traut étaient pleins de gratterons et les yeux de Mlle Knoll, tout rouges. C'était comme si un couteau m'avait transpercé le ventre tant cela m'a fait peur, mes joues ont commencé à me brûler et je ne savais plus où me mettre, parce que Mlle Knoll pleurait. Je ne supporte pas que les adultes pleurent. Ça veut toujours dire qu'il est arrivé quelque chose d'épouvantable, parce qu'à part ça ils ne pleurent quasiment jamais.

Le nez de Mlle Knoll était rouge et enflé, comme sa voix : « Les enfants, il est arrivé quelque chose d'infiniment triste. Notre chère directrice, Mlle Scherwelbein que nous aimions tous si fort, est morte. » Puis elle a reniflé comme je n'ai jamais le droit de le faire à table. Le silence est retombé, des enfants, bras croisés sur leur pupitre, y ont posé la tête et se sont mis à pleurer bruyamment. Devant moi, les épaules de Traut tremblaient et les gratterons dans ses cheveux s'agitaient.

« Les enfants, mes pauvres enfants, a dit Mlle Knoll, ressaisissez-vous. » Elle a laissé échapper un sanglot. C'était terrible. Je ne voulais pas rester là à ne rien faire, alors j'ai levé le doigt et j'ai demandé : « De quoi est-ce qu'elle est morte ? » Parce que j'ai souvent entendu des gens poser cette question dans ce type de circonstances – et mes intentions étaient irréprochables. Mais Mlle Knoll m'a répondu que j'étais une enfant insensible et que j'avais un cœur de pierre. Elle m'a conseillé de penser au fait que je ne verrais plus jamais Mlle Scherwelbein de toute ma vie. « Les enfants, à cet instant c'est la majesté de la mort qui vous frappe, vous ne reverrez plus jamais Mlle Scherwelbein de toute votre vie. »

À nouveau plusieurs enfants ont sangloté bruyamment à travers la classe, ce qui m'a donné la chair de poule aux bras, et je n'ai pas pu m'empêcher de murmurer : « Mais je ne l'ai encore jamais vue. » Ce qui est parfaitement exact. Car nous n'en sommes qu'à la troisième année d'école, Mlle Scherwelbein est très vieille et malade depuis très longtemps, et nous ne connaissons que sa remplaçante, Mlle Schnei. Il n'y a qu'Elli qui l'ait déjà vue, elle marchait avec une canne, elle avait les yeux vitreux et sa tête tremblait. Ça m'a fait penser à notre écureuil qui est mort. Il était beau comme un tour de magie sorti d'un miraculeux livre d'images, il était joyeux et faisait des galipettes dans mes cheveux, et un matin, tout à coup, il est mort, parce qu'il avait grignoté un crayon sur le bureau de mon père. Moi aussi, je suis un peu morte ce jour-là, chez nous tout était changé et plus rien n'était vraiment beau.

J'ai aussi pensé à Marjenn Lappes, la chiffonnière, qui est terriblement vieille et a la tête qui tremble, dont nous assurons la protection jour et nuit depuis que Hans Lachs a fondé la Horde des bandits furieux.

En pensant à mon écureuil et à Marjenn Lappes qui va peut-être aussi mourir bientôt, j'étais au bord des larmes, mais Mlle Knoll s'est écriée « Ah, mon Dieu ! » Et elle a dit que je devrais avoir honte et m'interroger sur moi-même. Et elle m'a demandé : « Tu as honte de toi, maintenant ? Tu es triste ? »

Tous les enfants se sont arrêtés de pleurer et m'ont regardée en respirant fort. J'avais promis à ma mère de ne plus jamais laisser entrer en moi le démon de la colère. Mais quand j'ai vu leurs regards fixés sur moi, hostiles, un démon crépitant de colère est entré en moi, je l'ai laissé venir, j'ai tapé des pieds et crié : « Je n'ai pas honte, je ne suis pas triste, je n'ai pas honte. »

Maintenant, tous les enfants auront le droit de former un cortège, samedi après-midi, pour aller à l'enterrement, ils porteront des vêtements blancs et une écharpe noire, et on leur donnera un bouquet de roses blanches. Je suis la seule à ne pas avoir le droit d'y aller, parce que j'ai commis un sacrilège en présence de la mort.

Pendant la récréation, les enfants ne m'ont pas adressé la parole. Ils faisaient tous comme s'ils étaient des gens importants et comme si c'étaient eux qui étaient morts. Je suis restée toute seule, j'ai fait comme si rien de tout cela ne m'atteignait et je me suis montrée inébranlable comme une statue de glace. D'abord, j'ai eu envie d'aller dans la cour pour donner des coups de pieds dans les tibias de Traut Meiser et Min Lenz. Mais le démon de la colère m'avait quittée et mes pieds, très fatigués, n'avaient plus aucune envie de donner des coups. Je me suis dit qu'Elli non plus n'avait pas pleuré, comme d'autres enfants, et qu'ils allaient venir me voir et me parler. Mais ils ne sont jamais venus, et quand je les ai regardés ils ont fait comme s'ils étaient des adultes inconnus. J'aurais bien aimé être morte. Mais j'ai fait comme si de rien n'était, j'ai mangé mes tartines et je n'ai pas fait attention à ce qu'elles contenaient. Ça m'était bien égal de savoir que j'aurais pu échanger une tartine au pâté de foie contre les sels d'ammoniaque de Selma Ingel.

J'ai eu envie de vomir et je suis montée dans le vestibule pour que personne ne voie que je me sentais mal. J'ai dû me faufiler discrètement – pendant les récréations, les enfants n'ont pas le droit d'aller ailleurs que dans la cour. On n'a même pas le droit de se cacher quand personne ne veut nous voir.

Dans un coin sombre, il y avait Mlle Knoll avec notre professeure de gymnastique, Mlle Teigern. Et Mlle Knoll a dit que maintenant que la vieille Scherwelbein était morte, on n'allait peut-être pas la garder, elle, pourtant si méritante et que Scherwelbein protégeait. Elle avait encore sa mère à nourrir, qu'est-ce qu'elle allait devenir ? Elle s'est remise à sangloter, ce qui m'a fait plaisir, et Mlle Teigern a dit que mon Dieu, c'était peut-être ce qui pouvait arriver de mieux à quelqu'un de si âgé et malade, et que ce n'était peut-être pas plus mal si on faisait entrer du sang neuf.

Quand j'ai raconté à la maison que M^{lle}Scherwelbein était morte, ma mère a tout de suite demandé : « Oh, de quoi est-elle donc morte ? » Et Tante Millie a posé la même question. Les adultes ont toujours tous les droits et les enfants, aucun. J'ai aussi voulu dire que j'étais interdite d'enterrement, mais Tante Millie a directement enchaîné sur les cinq grands bocaux qu'elle a trouvés ce matin derrière mon étagère. Je n'avais vidé qu'un seul bocal de potirons parce que j'en avais besoin, les autres étaient déjà vides. J'y avais mis différentes chenilles qui faisaient leurs chrysalides. C'étaient des animaux magnifiques, pelucheux, des chenilles-lions jaune et rouge comme des petites brosses, des chenilles-ours brunes, des vers à soie tout lisses et des sphinx du troène inouïs, d'un vert incroyable avec des points rouge sang. J'avais passé mon temps à chercher des chenilles, je n'avais le droit de faire presque rien d'autre. Et comme elles n'arrêtaient pas de se battre, j'avais eu besoin d'un bocal pour chacune. Tout le monde peut comprendre ça – sauf Tante Millie. Et les chenilles étaient déjà devenues des chrysalides, j'allais bientôt avoir des papillons, que j'aurais fait voler dans la forêt de Königsforst. J'avais déjà de vrais cocons dans mes bocaux, mais ma famille a cru que c'étaient des saletés, ils ont tout nettoyé et m'ont crié dessus. Ça m'a tellement désespérée qu'ils aient détruit mes cocons que j'ai perdu le goût de tout, plus jamais je ne prononcerai un seul mot et je me tiendrai éternellement à distance de tout être.

Le samedi matin, nous avons tous dû aller à la salle de gymnastique. On m'a envoyée dans un coin et les autres enfants ont défilé deux par deux pour préparer l'enterrement qui avait lieu l'après-midi. Mes parents avaient aussi prévu d'y être, alors que M. Kleinerz les avait invités exprès pour qu'ils n'y aillent pas. Si je leur dis que je suis le seul enfant à ne pas avoir le droit d'y aller, ma mère va pleurer et perdre toute espèce de confiance en moi.

Les enfants défilent quatre par quatre. À la fin, il en reste trois. C'est alors que Mlle Knoll vient me voir et me dit d'un air rusé qu'elle veut bien me pardonner si je regrette vraiment ce que j'ai fait et si je promets devant tous les enfants de faire des efforts ; qu'alors j'aurais le droit d'aller avec les autres, et que Traut Meiser est prêt à me serrer la main. Mais pour ma part, il est totalement exclu que je tende la main à un enfant aussi détestable et que je marche en rang avec lui pendant des heures. D'ailleurs, Traut Meiser n'était pas du tout prêt à me serrer la main, et les deux autres enfants de la dernière rangée avaient l'air profondément effrayés à l'idée de devoir marcher avec moi. Ensuite, Mlle Knoll n'acceptait de me pardonner que parce qu'il lui manquait un enfant dans le cortège, elle n'avait aucunement l'intention de se montrer gentille envers moi, personne n'avait cette intention. Alors, j'ai pensé à M. Kleinerz et j'ai dit à Mlle Knoll qu'il ne fallait pas me prendre pour une imbécile et que je n'avais plus envie de participer.

Je suis partie de la maison avec une robe blanche et une écharpe noire. Tante Millie a dit : « Tout à coup, cette enfant a l'air touchant. » J'ai fait comme si j'allais à l'école pour m'intégrer au cortège. Puis, j'ai couru dans les jardins à l'arrière des maisons, et j'ai eu froid.

J'ai vu de loin mes parents qui attendaient le défilé sur la rue Aachener, devant le cimetière de Melaten. Il y avait beaucoup de monde. Je me suis frayé un chemin et le cortège funèbre est arrivé. Les chevaux étaient tout noirs, la musique prenait des accents lents et graves –, l'air était un voile triste et tous les hommes ont enlevé leur chapeau. Mon cœur battait sourdement, je me suis peu à peu rapprochée de mes parents et de Tante Millie. Les enfants sont tous passés avec une rose blanche à la main. De nombreuses femmes pleuraient et j'entendais Tante Millie sangloter et dire : « Ah, comme c'est émouvant – quel merveilleux enterrement. » Elle se dressait sur la pointe des pieds. Aux mariages, elle fait exactement pareil.

Ma mère n'arrêtait pas de répéter : « Mais où a-t-elle bien pu passer ? » Elle avait mon manteau sous le bras. Elle regardait mais elle ne voulait rien voir, il n'y a que moi qu'elle voulait voir pour me donner mon manteau, pour que je n'aie pas froid et que je ne tombe pas malade. Je n'ai plus réussi à contenir mes sanglots et je l'ai appelée ; elle a eu très peur.

J'ai tout avoué, que j'avais commis un sacrilège en présence de la mort et tout le reste, et j'ai promis que j'allais faire des efforts.

Le soir, M. Kleinerz est venu m'apporter sa plus grosse poire d'hiver. Je ne l'ai pas mangée, je l'ai offerte à ma mère et elle l'a partagée avec moi. J'ai dû aussi en donner un morceau à Tante Millie, mais je ne l'ai fait que par amour pour ma mère. Tante Millie a dit que j'avais fait honte à la famille. Mais ma mère m'a caressé les cheveux. Ça m'a un peu étonnée car en temps normal, malheureusement, elle a toujours partie liée avec les institutrices, et elles s'allient contre moi.

Ensuite j'ai fait mon testament, pour le cas où je mourrais. M. Kleinerz m'a aidée. Je vais élever de nouveaux cocons que je léguerai à ma mère. Et j'interdis formellement à Mlle Knoll, à Traut Meiser et à Min Lenz d'assister à mon enterrement.

La Horde des bandits furieux

Hier soir je n'ai absolument pas réussi à m'endormir, parce que je devais mettre au point une vengeance sanglante contre Mlle Meiser, que nous surnommons la Boule empoisonnée. Je suis en général très fatiguée le matin, je mets du temps à m'habiller et je fais couler l'eau très fort dans la salle de bains pour faire croire que je me lave. Je m'assieds sur le rebord de la baignoire pour dormir encore un peu. C'est pour ça que j'arrive souvent en retard à l'école. Hans Lachs dit aussi qu'il est injuste d'atteler les enfants à la roue folle du temps, ce qu'il sait pour l'avoir lu dans de vrais livres d'adultes. Et M. Kleinerz a dit à mon père que tout travail mérite salaire, qu'il ferait passer le message à son directeur et qu'il n'était pas assez idiot pour travailler gratuitement.

Pourtant nous autres, enfants, devons travailler gratuitement et personne ne nous témoigne la moindre reconnaissance. Notre seule moisson est la colère. Min Lenz et Traut Meiser reçoivent parfois des bons points, des images représentant la Vierge et le petit Jésus. Je n'en ai jamais eu. Je dois bien avouer que je préfère largement les décalcomanies et les fleurs chinoises magiques. Je m'assois alors avec ma mère, qui porte un corsage bleu en velours. L'ampoule électrique bourdonne comme un grillon, ça sent la chaleur, nous sommes seules et plaçons des fleurs chinoises magiques dans un saladier rempli d'eau. Elles sont d'abord microscopiques et ratatinées, puis elles s'ouvrent, deviennent multicolores et s'épanouissent sous nos yeux. Je me sens si heureuse que je n'arrive plus à parler, j'ai envie de pleurer et de prier pour ne plus jamais causer de souci à personne. Parfois, nous faisons aussi flotter dans le saladier des coquilles de noix avec de toutes petites bougies. Ce sont des bateaux minuscules embarqués sur une mer déchaînée en partance pour des îles lointaines, je protège leurs lumières et règne sur eux comme un dieu bienveillant.

Min Lenz et Traut Meiser n'ont pas non plus été admis dans la Horde des bandits furieux, parce qu'ils crient quand on leur met des cloportes dans le cou – et nous ne pouvons accepter quiconque échouant aux épreuves. Car nous devons être forts pour défendre tout ce qui est bon et noble.

Pour mon propre examen d'entrée, j'ai ingéré un assez long morceau de ver de terre puis je l'ai retiré de ma gorge comme le font les artistes de cirque ; et j'ai volé une courge dans le petit jardin du commissaire. Je suis devenue « rivale », ce qui est le deuxième plus haut grade. Le plus haut grade est occupé par Hans Lachs, celui de vice-roi. Hans Lachs a appris tout ça dans des livres. Après le rival il y a le secrétaire, Otto Weber. Nous avons ensuite les faux dieux et les fétiches, des gamins qui ont un an de moins que nous – au total, quatre faux dieux et un fétiche. Nous aurions aussi pu prendre de simples soldats, mais ils auraient immédiatement voulu devenir officiers ou obtenir une promotion quelconque, ce qui n'est pas possible puisque dans notre caverne de la forêt municipale, nous n'avons de la place que pour les trois grades les plus élevés – et encore, le troisième n'a qu'une demi-place. C'est pourquoi nous sommes toujours obligés d'envoyer les faux dieux et les fétiches en exploration, de trouver sans cesse des enquêtes à leur confier. Parfois c'est très difficile de leur trouver toujours de nouvelles choses, et il arrive qu'ils représentent un poids plus qu'autre chose. Mais il faut bien qu'on les garde, sinon on ne pourrait pas être aux trois grades les plus élevés.

Je ne voudrais jamais devenir général, parce qu'un général commande des milliers de soldats – et je ne saurais pas quoi faire d'eux du matin au soir. Peut-être qu'un général n'en a pas la moindre idée non plus et que c'est la raison pour laquelle il leur fait tirer sur des gens. M. Kleinerz dit aussi que les généraux veulent toujours faire la guerre, et que ce n'est que quand la guerre est perdue qu'ils veulent la paix, qu'ils se retirent et vont cueillir des roses. En bas de chez nous vit un général, on ne le voit presque jamais, en réalité la seule chose que je connaisse de lui c'est sa jambe de bois. C'est une jambe avec une chaussure et du tissu. Le matin quand je vais à l'école, je vois parfois la bonne du général devant la porte, en train de brosser la jambe. J'en ai un peu peur et je n'ose jamais la regarder en face, pourtant je meurs d'envie de la toucher. Certaines de mes poupées aussi ont perdu leurs jambes, mais elles sont accrochées avec un élastique, pas comme chez un général.

Dans notre caverne, il m'est aussi arrivé de penser que je préférerais être fétiche, mais alors Hans Lachs me mépriserait, je ne pourrais plus rester dans la caverne et donner des ordres. Pourtant, parfois, je m'ennuie, assise sur les pierres froides, et j'ai très froid.

Quand les faux dieux et les fétiches reviennent de leurs expéditions, Hans Lachs les harangue d'une voix sourde : « Faux dieux et fétiches, inclinez-vous devant les pierres de notre château ! » Et ils s'inclinent. « Qu'avez-vous aperçu de votre œil perçant ? » Et ils parlent. Ils doivent parler tous les cinq en même temps, parce qu'ils forment un chœur grec. J'ai toujours été contre le chœur grec et d'ailleurs, ça nous a conduits à notre perte.

Hans Lachs connaît cette histoire de chœur grec de son père, qui est professeur de grec. J'aime mon père parce qu'il n'est pas professeur et qu'il ne se mêle pas sans cesse des devoirs des enfants. Hans Lachs estime qu'il ne faut pas crier victoire trop vite et que rien ne dit qu'un jour, mon père ne deviendra pas tout à coup professeur. Mais mon père a dit qu'à son âge il ne changerait plus de monture, que je lui cause déjà bien assez de soucis pour qu'il n'ait pas besoin en plus d'une classe entière d'enfants. Ma mère a alors dit qu'il avait tendance à être soupe-au-lait et qu'un professeur ne pouvait pas se le permettre. Mon père est passé par toutes les couleurs possibles puis, totalement hors de contrôle et tapant des poings sur la table, il a mugi d'une voix effroyable à travers la pièce qu'il était doux comme un agneau. Sa seule et unique préoccupation était sa famille et qu'on le traite de soupe-au-lait était inadmissible. Il est parti en courant, il était déjà plus de 7 heures et il faisait tout à fait nuit. Mais il est très vite revenu avec des meringues, ce que j'aime immensément. Ma mère a dit que c'était touchant de la part d'un homme. Mais elle l'a dit à voix très basse, car quand mon père entend dire qu'il est un homme touchant, il redevient furieux et se remet à mugir.

J'aurais bien aimé raconter à mon père que je suis devenue rivale, mais nous avons fait serment au vice-roi de ne jamais divulguer aucun secret, car sinon l'Œil de pierre du Fo deviendrait une flamme dévorante. *L'Œil du Fo* est un livre important qui nous a servi de modèle pour l'Œil de pierre, un vrai galet consacré de notre sang que nous devons toujours porter sur nous.

Notre devoir est d'aider les faibles et les opprimés, c'est une règle inaliénable. Même si les adultes ne le comprennent pas, nous devons continuer. Et cette histoire d'enfant blanche ne doit pas nous en décourager.

Ce jour-là, quand les faux dieux et les fétiches sont revenus d'exploration, ils nous ont annoncé en chœur grec : « Dans la steppe déserte, près de l'eau ravisseuse, se trouve un petit enfant abandonné. » « Java et Tango ! » a crié Hans Lachs, car tel est notre cri de guerre. Et nous avons tous traversé en courant la pelouse de la forêt municipale jusqu'à l'étang, où se trouvait une petite fille vêtue d'une robe blanche. « Java et Tango ! », avons-nous tous crié, puis nous avons cerné l'enfant, puisque nous voulions la sauver. Nous voulions lui donner un breuvage réconfortant dans notre caverne et la ramener chez ses parents. Mais cette imbécile s'est mise à hurler comme un goret, peut-être à cause de l'encre rouge que nous, les trois chefs, avions étalée sur notre visage comme si c'était du sang.

Si nous n'avions pas tous crié si fort, nous aurions entendu arriver l'homme furieux. Et maintenant nous serons couverts de honte pendant sept ans, parce que cet individu sanguinaire a giflé le vice-roi et le fétiche. Et moi aussi. Des tas de gens sont arrivés et l'individu sanguinaire a crié que nous nous apprêtions à faire du mal à sa pauvre et innocente enfant. « Honte aux brutes ! » ont dit les gens, et ce poison de Mme Meiser a glapi : « Mais je la connais, celle-là ! »

Quand nous sommes partis en courant, l'enfant en blanc nous a couru après, elle ne pleurait plus du tout et voulait jouer avec nous. Mais nous ne jouons pas avec des enfants aussi petits, nous les sauvons seulement.

Le soir, la Boule empoisonnée a tout raconté à nos parents. Auparavant, elle nous a observés depuis un banc pour savoir où était notre caverne, puis elle est allée nous dénoncer à notre pire ennemi, un garde-forestier d'une méchanceté sans limites.

Nous l'appelons « la Charogne errante de la forêt » parce que c'est ce qu'il est. Il y a aussi un gardien gentil, dit « le Seigneur de la jungle », que nous protégeons. Une fois, nous avons bêché son jardin, il nous a donné du petit-lait et préparé un feu pour nos pommes de terre.

Nous, les trois chefs, étions donc de retour dans notre caverne pour nous concerter, et la joue du vice-roi était enflée comme s'il s'était fait piquer par une abeille. L'été, à l'heure de la sieste, ma mère, Tante Millie et d'autres femmes ont régulièrement poussé de grands cris apeurés et agité les mains dans tous les sens quand les guêpes bourdonnaient au-dessus des tartes aux prunes, avec leurs longs corps annelés et dangereux. Elles trouvaient les abeilles encore plus dangereuses. Et mille fois plus dangereux encore les bourdons, qui ressemblent à de gros coussins confortables et ronfleurs. Alors, une fois, je suis allée voir un arbre de la forêt municipale dans la discrétion la plus totale, j'ai pris une abeille sur une feuille et je l'ai gardée dans ma main jusqu'à ce qu'elle me pique. Ça n'a pas trop mal tourné pour moi, mais pour l'abeille, si. Elle avait perdu son aiguillon, sans aucun moyen de le remplacer. Ma main a un peu gonflé mais il ne s'est rien passé d'autre. Moi qui pensais qu'avec une simple piqûre d'abeille, le monde ne serait plus jamais le même.

Alors que nous étions dans notre caverne, les faux dieux et les fétiches ont surgi tout d'un coup, tremblant d'énervement. Et le vice-roi a ordonné : « Inclinez-vous devant les pierres de notre château ! » Ils se sont inclinés, puis écriés en chœur grec, ce qui les oblige chaque fois à faire de longues répétitions : « La Charogne errante de la forêt est à l'approche, Ô Seigneur ! » Mais la Charogne errante de la forêt n'était pas à l'approche : au mot « Seigneur », il était déjà là, planté devant notre caverne. Les faux dieux et les fétiches se sont immédiatement dispersés sans en avoir reçu l'ordre ; nous, les trois chefs, nous sommes retrouvés prisonniers de notre caverne et Otto Weber qui, en sa qualité de troisième chef, était assis à moitié dehors, a reçu la première gifle. Parce qu'il est interdit de construire une caverne dans la forêt municipale, et à cause de l'affaire du sapin argenté. Mais c'est une accusation malveillante, seule Marjenn Lappes sait tout. Elle ramasse les chiffons, elle est vieille et pauvre avec une infection aux yeux et des mains tremblantes. Nous veillons à ce que les enfants ne la traitent pas de sorcière et ne lui jettent pas de pierres. Ils ne le font d'ailleurs presque plus, parce qu'ils nous craignent.

Au dernier Noël nous avons scié le sapin argenté, mais juste la moitié, le reste est tombé tout seul. Sinon Marjenn Lappes n'aurait pas eu d'arbre de

Noël. L'arbre était si grand et la chambre de Marjenn Lappes si petite que nous n'avons pas pu mettre l'arbre debout, il a fallu le placer en travers dans la pièce. On aurait dit un paysage sauvage, et que l'arbre dormait. Plus personne ne pouvait tenir dans la pièce, pas même Marjenn Lappes. Nous sommes restés devant la porte ouverte, nous avons regardé l'arbre et chanté : « Douce nuit, sainte nuit... » Marjenn Lappes a reniflé avec un immense bonheur et elle a dit : « Nom de Dieu, c'que ça m'fera comme bon bois de chauffage quand qu'les aiguilles auront tombé ! »

Bien sûr, il nous faut maintenant une nouvelle caverne, puisque la Boule empoisonnée nous a dénoncés. Il nous faudra en plus cacher le trésor de la caverne, et nous venger d'elle.

D'ailleurs, je sais déjà où on trouvera une nouvelle caverne. L'après-midi, nous allons près d'un étang profond derrière l'usine de mon père. Il faut glisser le long de falaises de sable terriblement à pic, pleines de graviers coupants. Hans Lachs dit qu'il s'agit d'une cuvette sauvage endormie. Sur l'une des rives du lac fouettées par les vagues, nous édifierons notre nouvelle caverne.

Mon père nous a sévèrement défendu de venir jouer là, parce qu'il y a un risque d'éboulement et qu'on pourrait se retrouver ensevelis. Mais nous n'y jouons pas. Nous y luttons pour ce qui est bon et noble, et nous devons attraper des têtards dans l'étang, que nous mettons ensuite dans les meilleurs pots de confiture pour qu'ils y grandissent.

J'ai commencé par dire que nous pourrions faire peur à Mlle Meiser avec la tête de mort, car elle est terriblement lâche, sauf quand son mari est là. Celui-ci a raconté récemment à l'auberge À la chère Madone que sa femme était une teigne et qu'il en avait plus qu'assez. Elle lui a par ailleurs déjà ordonné plusieurs fois de tirer sur les merles dans le jardin devant leur maison.

Comme elle habite le rez-de-jardin, je pourrais tout à fait grimper le soir jusqu'à sa fenêtre et lui montrer la tête de mort. Mais Hans Lachs a dit que ce n'était pas assez et qu'il faudrait jeter la tête de mort dans sa chambre. Je crois moi aussi que ce serait mieux, mais Otto Weber a dit que dans ce cas la tête de mort serait perdue. Elle vient en effet de lui, parce que son père est médecin. Son père l'avait sur son bureau quand il était étudiant, puis il a voulu s'en débarrasser et l'a mise avec d'autres objets dans une caisse qu'il a montée au grenier. Otto Weber l'y a récupérée et en a fait don à la Horde, raison pour laquelle nous l'avons promu aux fonctions de secrétaire. Il était auparavant simple fétiche. C'est une tête de mort grande et merveilleuse et nous ferons certainement tout ce qui est en notre pouvoir pour la récupérer.

Nous nous sommes entraînés pour savoir qui lançait le mieux et, bien que je sois une fille, c'est moi qui ai battu tout le monde et donc moi qui lancerai la tête.

Tout est noir et absolument silencieux. Les maisons et les jardins flottent dans un mystère incolore. Nous, les trois chefs, sommes cachés dans le jardin devant la maison des Meiser. Les faux dieux et les fétiches font le guet partout. Tout cela est terriblement dangereux, car mes parents vivent au-dessus de chez les Meiser et que le docteur Weber habite à côté.

Dans le salon des Meiser, il y a de la lumière, elle est assise toute seule sur le canapé. Otto Weber commence par jeter un gravier assez léger contre la fenêtre, avec une maîtrise admirable, pour ne pas abîmer la fenêtre, car nous ne voulons pas d'ennuis avec ce genre de choses ; puis c'est au tour de Hans Lachs de lancer, et à nouveau à celui d'Otto, et Hans murmure : « Prudence maximale ! » Mlle Meiser s'est rapidement levée de son fauteuil, elle ouvre la fenêtre et crie de sa voix aiguë : « Quelqu'un a lancé quelque chose ? » Au même instant, je lance dans la pièce la tête de mort, qui frôle son visage. La Boule empoisonnée recule brusquement et se précipite dans la pièce, nous nous plaquons contre le mur et fermons bien les yeux pour que personne ne nous voie – nous entendons la Boule empoisonnée pousser un cri terrible – puis nous courons à toutes jambes.

Nous sommes alors directement rentrés à la maison et nous avons fait nos devoirs, et ma mère a dit à mon père que j'étais quand même une enfant douce et gentille. Mon père a répondu qu'il n'accordait absolument aucune confiance à mes manières douces et gentilles, car il dispose d'une connaissance de l'être humain chèrement acquise. Mais ma mère a rétorqué que ce n'était rien en comparaison de la redoutable intuition féminine dont dispose une maman.

Alors, tout a viré à l'épouvante. Le docteur Weber a immédiatement reconnu sa tête. Ce qui est une nouvelle preuve irréfutable que les adultes mentent en permanence, puisqu'ils disent qu'une fois morts, tous les hommes sont pareils.

Le soir même, M. Meiser est venu voir mes parents : c'était sa femme qui l'envoyait, elle avait fait une attaque parce que quelqu'un lui avait jeté une tête de mort. Elle avait d'ailleurs déjà appelé la police. Nous avons tous dû aller chez les Meiser, Otto Weber était déjà au lit. Il y avait nous les chefs, nos parents et un policier. Sur le canapé, Mlle Meiser, toute grosse et ronde, était assise dans un peignoir hideux ; à côté d'elle il y avait Traut, horriblement gras avec ses boucles déroulées, nous l'appelons le Ver blanc parce qu'il est tout blanc et flasque. Le Ver blanc nous regardait avec des yeux brillants et dégoûtants, il n'arrêtait pas de soupirer : « Aïe aïe aïe ! »

Ils nous ont bien sûr accablés de questions, nous avons gardé le silence comme des bonhommes et juste haussé les épaules de temps à autre. Mais quand j'ai constaté que je n'avais pas sur moi l'Œil de pierre du Fo, j'ai tout de suite su que ça finirait mal. Mme Meiser a crié que la tête était celle d'une victime que nous avions assassinée, mais le policier a dit d'un ton compatissant : « Mon Dieu, et puis quoi encore ? », qu'il avait autre chose à faire et qu'il y allait.

Mais moi, j'ai piqué une belle colère, parce que nous n'avons pas commis de meurtre et que Traut n'arrêtait pas de me regarder avec une avidité méchante et que Mme Meiser lui caressait la tête en disant : « Quel choc pour ce doux et tendre enfant ! » Alors, j'ai juste dit qu'aucun de nous n'avait lancé la tête, mais que je savais avec certitude que, parfois, des ossements d'ancêtres arrivent en volant tout seuls chez quelqu'un qui s'est montré méchant et a péché : ils veulent nous avertir de la nécessité de se recueillir et de procéder à un examen de conscience. Alors, M. Meiser a hoché la tête dans son coin et a dit que « ça, indéniablement, c'était bien possible ».

Mais mon père a fait des yeux ronds et dit d'une voix calme et grave que ça suffisait comme ça. Il m'a prise par la main et m'a giflée. Et il a dit qu'il m'apprendrait à faire voler tout seuls les ossements des ancêtres.

Quand je suis allée à l'école ce matin, j'ai croisé M. Meiser et il m'a donné une pièce d'un mark dont je ne dois parler à personne. Sa femme était bien embêtée, et je devais acheter des gâteaux pour tout le monde.

Hans Lachs a aussi déjà un plan pour récupérer la tête de mort et pour nous venger de Traut Meiser, le Ver blanc. Avec le mark, nous allons acheter une canne à pêche : le soir, on pourra pêcher des brochets dans l'étang.

L'instrument divin

C'est terrible, toutes les souffrances que je dois endurer parce que je suis un instrument divin. Je pense sans arrêt à saint Jean-Baptiste qui, parce qu'il est un instrument divin, a mangé des sauterelles dans le désert, ce qui est peut-être pire que ce que je traverse en ce moment.

Tout est de la faute de Traut Meiser. Il n'a pas l'âme d'un enfant, mais d'un criminel. Hans Lachs aussi le dit.

Je prie le Bon Dieu tous les soirs pour qu'il fasse arriver quelque chose de désagréable à Traut, puisque moi je n'en ai pas le droit. Car « La vengeance est mienne », dit le Seigneur. Mais j'ai fini par me dire que Dieu m'avait peut-être élue comme son instrument, puisque Traut ne fait l'objet d'aucune vengeance, et que ça faisait déjà trois jours qu'ils m'embêtaient à cause de la décalcomanie et que mon père avait dû payer pour les tapisseries alors qu'il n'est pas si riche.

Traut Meiser est dans la même classe que moi et nous avons habité dans la même maison. Le père de Traut était notre propriétaire. Il est gros et gentil, et je me demande régulièrement comment cet homme a pu faire un enfant pareil. Traut est gros, lui aussi, mais pas gentil du tout, il est gras, flasque et rusé. Hans Lachs, qui a fondé la Horde des bandits furieux dont je suis membre, l'appelle « le Ver blanc ». Ma mère a dit au sujet de M. Meiser : « Il aime bien lever le coude », mais j'ai fait très attention et je n'ai jamais vu M. Meiser avec le coude en l'air. Nous avons des ennuis avec lui en ce moment à cause des tapisseries, et parce que j'ai abîmé Traut.

Tout a commencé avec ce mark que j'ai trouvé et le corset orthopédique. En effet, quand nous étions l'été dernier à Andernach-sur-le-Rhin, je n'ai pas arrêté de trouver des choses. Une fois, une véritable alliance d'homme, et une autre fois, une étrange pierre taillée. Mon père s'est écrié : « Une pétrification, une vraie pétrification ! » Il l'a montrée au juge de première instance qui était dans la même pension que nous, dont la femme mange tout le pudding à tous les déjeuners, et il a voulu en faire don au musée. Mais le portier a décrété qu'il s'agissait d'une pierre pour aiguiser les scies, sans nom précis ni valeur particulière.

Mon père a apporté l'alliance aux objets trouvés – ma mère dit toujours que mon père est d'une nature excessivement honnête, et trouve même que parfois il exagère. Ensuite, quand nous sommes allés à Brohl, j'ai trouvé juste avant de partir une pochette en lamé d'argent. Je l'ai trouvée parce que je cherchais des champignons irisés et vénéneux particulièrement intéressants que je voulais replanter dans notre jardin, mais ma mère a dit que je n'arrêtais pas de trouver des choses parce que je marchais toujours courbée et qu'il faudrait désormais que je porte un corset orthopédique.

J'en ai parlé avec M. Kleinerz, qui m'a dit que j'avais droit à la récompense que l'on verse à tous ceux qui ont trouvé quelque chose. Mais je n'ai pas touché cet argent parce que mon père y a renoncé. Tante Millie a aussitôt dit à ma mère que c'était de l'orgueil déplacé de sa part, malgré toute l'estime qu'elle lui portait elle ne pouvait pas le dire autrement.

D'ailleurs ça m'est égal, car cet argent je ne l'aurais de toute façon pas reçu moi-même, ils l'auraient mis pour moi dans une tirelire à laquelle je n'ai pas accès et dont on ne peut rien retirer. Au mieux, ils la secouent de temps à autre près de mon oreille pour que j'entende quel joli bruit ça fait et combien il y a déjà dedans. Ce genre de choses est censé m'inciter à devenir une noble enfant et à obtenir de bons bulletins. Et m'apprendre la valeur de l'argent. Mais une tirelire ne peut pas m'encourager ni me rendre noble. Que peut bien me faire cet argent si je ne peux même pas m'acheter des berlingots et un stylo dans lequel il neige quand on le manie correctement et qu'on le tient devant les yeux ? Et j'aimerais aussi beaucoup avoir un jour énormément d'argent et aller au Roi de la magie dans la Hohe Straße. C'est le plus beau magasin de la terre, j'y suis déjà souvent allée en cachette après l'école. Il y a des serpentins et des masques dangereux, des diablotins et des crêpes plus vraies que nature remplies de confettis et des chocolats tout à fait normaux en savon fourré au vinaigre, qu'on peut offrir à n'importe quelle occasion. Et des fausses taches d'encre, et le « bris de fenêtre idéal », de petites lames de fer qu'on peut disperser au sol pour que tout le monde croie que les vitres sont cassées. Il y a encore mille autres choses chez le Roi de la magie, dont de bien plus secrètes.

J'aimerais bien mélanger un jour les chocolats au savon à ceux que ma mère propose aux dames dans une coupelle quand elle organise un goûter. C'est toujours terriblement ennuyeux et je ne sais pas pourquoi je dois dire bonjour à ces dames. Elles pépient, rient et caquettent toutes en même temps, la pièce tourbillonne autour de moi quand je dois y entrer. Je ne sais pas du tout quoi faire, c'est à peine si je peux voir ce qu'elles ont laissé comme gâteaux puisque j'en aurais peut-être après. Elles disent : « Comme tu as grandi ! » et « Tu aimes l'école ? » et « Qu'avez-vous appris aujourd'hui ? » Entre-temps, elles parlent de bourdonnements d'oreilles, de médecine naturelle, d'une fortune prodigieuse, d'une mayonnaise de premier ordre, d'une plante grasse fanée et d'un cousin universitaire qui s'est envoyé en l'air – je ne comprends pas tout. Je m'imagine en train d'écraser sous mes pieds quelques petites boules puantes du Roi de la magie, j'imagine la voix qu'elles prendraient et leurs visages, et tout ce qui se passerait. Peut-être que tout deviendrait aussi beau et intéressant qu'un arc-en-ciel. Je suis toujours contente quand il y a un arc-en-ciel. Je ne comprends pas du tout comment le Bon Dieu arrive à fabriquer des choses aussi belles. J'en ai même déjà vu un double.

Quand je dois rester avec les dames du goûter, je trouve toujours ma mère étrange, elle me parle et me sourit très bizarrement, n'arrête pas d'arranger mes vêtements et ne m'inspire aucune confiance. Je ne me sens d'ailleurs pas gênée devant ces dames, je suis surtout gênée parce que ma mère est différente et me regarde autrement.

J'aimerais pouvoir m'acheter un vrai coffret de magie chez le Roi de la magie, avec lequel je pourrais faire des spectacles et tous les transformer. Mais au lieu de me donner de l'argent, ils m'achètent des choses désagréables.

Cette fois-ci, ils m'ont acheté un corset orthopédique. Je dois le mettre tous les matins, puis je file sur le chemin qui part de la boutique Pellenz et je l'enlève. Après l'école je le remets et, quand je vais jouer, je l'enlève à nouveau en cachette puis je le remets. Je suis bien malheureuse avec mon corset orthopédique, il me donne bien de la peine et quand je le porte, je ne peux plus grimper nulle part, je ne peux plus bouger et les bretelles font de grandes marques rouges sur mes épaules. Alors ma mère a cousu du velours sous les baleines et l'horrible corset orthopédique m'a vraiment serrée. Le lendemain matin, quand j'ai voulu l'enlever de nouveau en cachette et que j'ai vu le velours de ma mère, je me suis sentie un peu méchante et j'ai porté le corset orthopédique en continu pendant trois jours, j'ai arrêté de manger, de jouer, tout. Ensuite je n'en ai plus été capable. Maintenant je n'arrête plus de l'enlever et de le remettre. J'ai demandé au Bon

Dieu qu'il fasse entrer un cambrioleur une nuit dans ma chambre, qui vole le corset orthopédique.

La semaine dernière, à midi, quand j'ai trouvé le mark devant l'école, j'ai d'abord voulu le donner. Mais alors on aurait appris que j'avais encore trouvé quelque chose, et ils m'auraient peut-être acheté encore plus de corsets orthopédiques.

J'ai d'abord voulu jeter le mark dans la rue, mais Elli Puckbaum est arrivée, et nous sommes allées acheter des cahiers dans la petite boutique de Bosselmann. Ce Bosselmann a des choses extraordinaires : des images saintes de toutes les couleurs avec un calice, des chapelets, des souris en tissu et des décalcomanies. Au début on ne voit pas ce que représente la décalcomanie, on la mouille, la colle sur du papier, on tire – et on obtient une splendeur inouïe. Blanche-Neige, des nains, des ogres, des anges, des sorcières et des animaux. C'est un miracle. Bosselmann a des paquets entiers de décalcomanies. Je me suis dit que si Elli achetait des cahiers, il lui en donnerait peut-être une, et à moi aussi.

Je sais exactement comment parlent les adultes quand ils font du commerce, et j'ai dit : « Alors, comment vont les affaires, M. Bosselmann ? » Il m'a répondu comme un adulte : « Mal, très mal ! », en secouant la tête d'un air professionnel. J'ai dit, comme mon père le fait parfois avec les voyageurs de commerce : « Bon, je vais vous acheter quelque chose, M. Bosselmann, on ne va pas en rester là ! » Et j'ai acheté pour cinquante pfennigs de décalcomanies. Ça en faisait tellement, tellement – je n'arrivais plus à respirer tant j'étais excitée. Je me suis installée avec Elli devant un distributeur d'eau de Seltz et je lui ai offert un verre de Waldmeister. Mon père et M. Kleinerz aussi s'installent toujours au comptoir de la brasserie Kölsch pour se calmer, mais ma mère voit ça d'un mauvais œil.

Après, je suis vite rentrée à la maison, parce que nous avions un déménagement. Nous nous installons dans la maison d'à côté, pour nous agrandir. Notre tante Millie grossit de jour en jour.

Quand je suis arrivée à la maison, vers midi, le déménagement était déjà terminé. Les pauvres enfants doivent toujours aller à l'école quand il se passe quelque chose d'intéressant. J'ai ensuite sonné chez Traut et nous sommes remontés dans l'appartement tout vide ; je lui ai montré mes décalcomanies, parce qu'il fallait bien que je les montre à quelqu'un et que je n'avais pas d'autre enfant sous la main. Hans Lachs a dit que les décalcomanies ne l'intéressaient plus du tout et qu'il avait désormais une collection minéralogique. Je vais bientôt m'en faire une, moi aussi.

Notre appartement vide était changé et triste. Au début, j'ai presque cru que ma chambre était le salon. Mais ensuite j'ai trouvé le vrai salon, où je n'avais le droit de jouer qu'à Noël, ce qui se voit encore aujourd'hui. Puisqu'à Noël je me suis entraînée aux patins à roulettes et que la pièce a du parquet.

Je me suis assise dans un coin sur un tas de laine de bois et j'ai pensé à Noël. Le soir de Noël, mes parents se tiennent toujours près de l'arbre qui crépite et clignote. Il y a même eu une fois, chez les Weber, un vrai incendie avec les pompiers et tout le reste. J'ai eu le droit de manger autant que je voulais dans mon assiette colorée. Il y avait aussi des mandarines. Et ça sentait le sapin, les jouets neufs, l'eau de Cologne et le cognac, parce que mes parents disaient : « On va entamer un peu les bouteilles ! » Ma mère offre toujours du cognac à mon père et mon père offre toujours des litres d'eau de Cologne à ma mère. Mais on ne boit pas l'eau de Cologne, on la gaspille juste. J'ai eu le droit de rester debout jusqu'à neuf heures, nous avons fait du punch et devions tous nous aimer beaucoup. Quand j'irai au ciel, ce sera toujours Noël et je serai très gentille pour ne pas finir au purgatoire. C'est d'ailleurs pour ça que j'ai embrassé Tante Millie à Noël, ce que je ne fais jamais d'habitude.

En fait, je n'ai pas peur du Bon Dieu et j'aime beaucoup discuter avec lui. Je ne supporte pas que Mlle Sevenich nous dise pendant le cours de religion : « L'œil de Dieu vous voit partout », d'ailleurs, nous avons dans la grande salle de l'école un tableau sur lequel est peint l'œil unique de Dieu, entre de nombreux nuages. C'est affreux de penser qu'un œil unique comme celui-là me suit partout, je connais aussi une boutique de lunettes où sont exposés de grands yeux uniques – seulement les yeux, aucune autre partie du corps. Je n'aime pas du tout ce spectacle. Et je ne veux pas de parties isolées du Bon Dieu, je le veux toujours entier.

J'ai ordonné à Traut de m'aider à ramasser la laine de bois parce que je pourrais bien en avoir besoin, et je me suis mise à pleurer parce que dans cette pièce toute vide, nous avons un jour fêté Noël. Mais j'ai remarqué tout à coup que les tapisseries avaient la couleur de l'or clair et qu'elles étaient plus sombres là où il y avait eu des tableaux. Alors, je me suis dit que j'allais fabriquer de nouveaux tableaux, puisque je peux faire des merveilles avec mes décalcomanies. D'autant que nous n'aurions jamais trouvé autant de beau papier lisse pour faire des séries complètes de décalcomanies. J'ai ordonné à Traut Meiser d'aller chercher une éponge humide et j'ai travaillé dur pendant trois heures. Tous les murs étaient couverts de séries splendides. Nous avons trouvé une échelle et Traut l'a tenue. Et j'ai même collé des décalcomanies au plafond. Je n'avais encore jamais rien vu d'aussi beau et Traut aussi trouvait tout ça merveilleux. J'ai juste eu le sentiment inexplicable que les adultes ne comprendraient peut-être pas toute cette beauté et j'ai fait jurer à Traut de ne rien dire.

Traut a d'abord juré, puis s'est précipité sur sa mère pour lui répéter que j'avais sali tous les murs.

J'ai eu pas mal d'ennuis et, comme je voulais expier un peu, j'ai apporté dès le lendemain matin à l'institutrice les cinq pfennigs qui restaient du mark. Elle a posé sa main sur ma tête et a dit à voix haute : « L'honnêteté est toujours récompensée, continue comme ça, mon enfant, je suis heureuse de trouver au moins une qualité en toi. » J'ai eu la tentation de tout lui avouer, mais je ne l'ai pas fait. Le Bon Dieu comprend tout et on peut tout lui dire. Mais on ne peut pas tout dire aux humains, et de loin, parce qu'il est impossible de leur expliquer exactement pourquoi on a fait ce qui leur semble mal. Je suis bien contente que le Bon Dieu puisse voir dans mon cœur, ce dont les hommes sont incapables.

Personne n'a compris non plus que je doive me venger de Traut, ni que c'est quasiment venu tout seul et que j'y ai à peine participé.

Donc, la grande fierté de Mme Meiser a toujours été les cheveux blonds de Traut. Ils sont brossés dix minutes chaque soir, puis bouclés ; le lendemain la tête de Traut ressemble à un immense plumeau. Même Tante Millie a dit une fois que Mme Meiser n'avait pas le sens de l'élégance simple.

J'aurais certes pu couper les cheveux de Traut, mais une telle idée ne me serait jamais venue et l'autre idée n'en était pas une, tout est arrivé tout seul, j'étais un instrument.

Le soir, juste avant sept heures, j'ai dû aller chez Bollwege acheter pour ma mère un sachet de bleu à lessive, parce que nous faisions la lessive le lendemain. Quand je suis revenue en toute tranquillité et parfaitement sage avec mon sachet, Traut était justement en train de jouer à la marelle avec Min Lenz devant notre nouvelle maison. Je suis passée très paisiblement près d'eux et j'ai juste un peu effacé du pied les traits de craie et tiré les cheveux frisés de Traut. Rien d'autre. Traut s'est mis à pousser des cris perçants, à mugir et à courir – j'ai juste eu le temps de le retenir par son tablier, quand quelque chose m'a envahie et m'a forcée à lui verser sur la tête le sachet entier de ce bleu, qui est très cher. Ensuite, je n'ai absolument rien fait et j'ai laissé tranquillement Traut courir jusqu'à un robinet. Puis je suis allée racheter avec la monnaie qui restait du bleu à lessive chez Bollwege, et j'ai dit à ma mère que le bleu à lessive avait augmenté.

À la maison, nous étions tous confortablement attablés pour le dîner quand Mme Meiser a soudain insolemment surgi dans la pièce ; elle pleurait et tremblait comme le fait un pudding quand mon père tape du poing sur la table. Et Mme Meiser traînait Traut derrière elle. Au début je ne l'ai pas du tout reconnu, car le robinet avait rendu Traut entièrement bleu. Les cheveux bleus, le visage bleu, les vêtements bleus. Tout bleu. C'était merveilleux, je me peindrai moi aussi un jour en bleu, et je n'aurais jamais pensé que Traut puisse avoir une allure aussi magnifique. Au lieu de s'en rendre compte et de s'en réjouir, Mme Meiser criait que j'avais détruit son enfant et demandait des dommages et intérêts. Une colère s'est alors emparée de moi, parce que cette famille Meiser me donne un tourment après l'autre. Ma mère et Tante Millie gémissaient comme si elles avaient l'appendicite et mon père me regardait avec une haine qu'un père ne devrait jamais éprouver envers son propre enfant. J'ai pensé que mon père devrait déjà payer les tapisseries, et quand Mme Meiser a continué à réclamer en disant qu'un crime pareil était irréparable, j'ai simplement dit avec calme et délicatesse que je pouvais payer un enfant comme celui-là, qu'il y avait sûrement assez d'argent dans ma tirelire pour en acheter trois de cette sorte. Il y a alors eu un vacarme si terrible que je préfère ne plus y penser.

Tard ce soir-là, M. Kleinerz est venu chez nous, et de ma chambre je l'ai entendu rire et dire à mon père qu'on l'avait déjà plusieurs fois passé au bleu et qu'il ne trouvait pas ça si grave.

Mais les autres adultes n'ont aucune pitié envers moi. On ne me donne plus de dessert et mes patins à roulettes ont été confisqués. Mme Meiser a fait en sorte que les enfants de notre rue n'aient plus le droit de me fréquenter, et ma famille dit que je jette sur elle honte après honte. Je n'ai plus le droit non plus de jouer dans la rue. Tous les après-midi, ma mère et Tante Millie font une heure de promenade avec moi dans la forêt municipale en me tenant fermement par la main. Elles disent que si je leur échappe, j'irai dans un foyer pour enfants difficiles ou au couvent du bon pasteur. À condition qu'ils m'acceptent, ce qui n'a rien d'évident, ils sauraient venir à bout de moi, je pouvais leur faire confiance. Je pleure sans arrêt et je voudrais être morte, car qu'est-ce que m'apporte la vie, désormais ? Je dois porter le corset orthopédique sans interruption, et même mettre un chapeau.

Je pense parfois que ma mère et Tante Millie finiront par trouver ennuyeux de me tenir enfermée, parce que ça les empêche de se raconter ce que les enfants ne doivent pas entendre. « On dit même qu'il la bat », ont-elles chuchoté, mais ça ne sert à rien. Je comprends tout parfaitement et je sais qu'elles parlent des Lebrecht, les voisins d'en face. M. Lebrecht va sans arrêt au bar et boit du genièvre, puis il casse des chaises parce qu'il trouve son appartement trop petit et que sa femme veut tuer et manger ses lapins alors qu'il voudrait les garder et les câliner. Et sa femme n'a pas non plus veillé sur les poules, l'une d'elles a avalé une aiguille à coudre et en est morte. C'est une grave erreur de me faire asseoir pendant des heures à la maison sur une chaise pour me montrer comment repriser des bas. Après tout, leurs poules ne disparaissent que quand nous voulons en avoir. Je suis bien plus au courant de la vie des Lebrecht que ma mère et Tante Millie, mais je ne leur en parle pas.

Tante Millie a dit : « Cette enfant va finir par se faner entre nos mains. »

Quand j'aurai à nouveau le droit de courir autant que je veux, je sais déjà ce que je ferai de magnifique. Je vais coller du papier doré sur mon corset orthopédique et je le porterai par-dessus mes robes comme une armure. Je jouerai à la légende de saint Georges avec Hans Lachs, Otto Weber et Mathias Ziskorn. C'est moi qui serai saint Georges.

Nous avons un nouvel enfant

J'ai envie de mourir. Nous avons un nouvel enfant. Ils veulent me faire croire qu'ils l'ont trouvé dans un chou. Bien sûr je n'en crois rien, même s'il faut bien que l'enfant vienne de quelque part. Peut-être que les adultes n'en savent rien eux-mêmes.

Tout est sombre et froid. Nous avons eu un été brûlant, mais mon hiver est horrible et sans neige. Personne ne m'aime et personne ne m'interdit quoi que ce soit, je peux faire tout ce que je veux.

Ma mère est malade. Elle a déjà eu la grippe une fois, j'étais plus petite, je m'asseyais près de son lit, je lui lisais toutes les images de mon livre d'images et je lui racontais les histoires de la fée de l'ambre et des chevaux qui montent et descendent les escaliers et regardent par la fenêtre de la maison Richmodis. J'avais le droit d'aimer ma mère et elle m'aimait aussi. Quand elle est au lit et qu'elle porte une longue chemise de nuit avec des dentelles blanches, ma mère est pour moi un petit Jésus.

Mais maintenant elle a un nouvel enfant, elle l'embrasse sans arrêt et je n'ai plus le droit de lui faire la lecture. Tante Millie dit que c'est parce que ma mère est trop malade et faible. Mais moi, je sais très bien qu'ils cherchent à m'éloigner parce qu'ils ont un nouvel enfant. Ils ont toujours dit qu'ils voudraient un enfant plus gentil que moi. Ah, si j'avais toujours été gentille ! Je n'aurais jamais pensé qu'une punition aussi abominable s'abattrait sur moi.

Je suis si triste que c'est comme si j'étais morte. Je cours au cimetière, il est déjà tard dans la soirée, je suis calme et angoissée et l'air est comme un voile de brouillard chaud.

Je voulais retrouver la tombe de ma grand-mère, car au moment de disparaître ma grand-mère m'aimait, et maintenant qu'elle est morte et enterrée, elle continue de m'aimer. M. Kleinerz a dit qu'on ne pouvait faire confiance qu'aux morts.

Je n'ai pas peur dans le cimetière, pas du tout peur, juste un petit peu. Ici tout le monde est mort, ils ont reçu l'extrême-onction, ils sont bons et lavés de leurs péchés. Les gens vraiment méchants vivent éternellement et ne sont jamais enterrés.

Je n'ai pas du tout réussi à retrouver la tombe de ma grand-mère, je me suis simplement assise près d'une autre tombe avec une pierre grande et austère comme monsieur l'inspecteur, qui est déjà venu et qui revient demain dans notre école pour faire peur à tout le monde, même aux institutrices, Dieu soit loué.

Je ne veux pas pleurer. Les adultes rient quand je pleure. Et quand je ris, ça ne leur plaît pas non plus, parce que j'ai fait quelque chose qui ne leur convient pas. Il paraît que je dois apprendre à saisir le sérieux de la vie. Qu'est-ce que ça peut bien être ?

La tombe est blanche et a des lettres dorées gravées. Ma tête est trop triste pour se relever. Mais mes doigts ont des yeux, avec eux je peux lentement déchiffrer les lettres dorées et gravées. C'est ainsi que vivent les aveugles.

« Ici repose en paix... » Ma grand-mère avait coupé dans son ancienne robe de bal en soie blanche et raide de quoi me faire des petites roses chatoyantes que je porte en couronne, en son honneur, quand je joue le rôle d'un ange dans le conte de Noël de l'école. On me donne alors aussi des ailes. Je n'ai certes pas la bonté d'un ange, mais c'est moi qui dis le mieux les poèmes.

Tous les morts se connaissent entre eux et, lorsque les vivants leur racontent quelque chose, ils peuvent faire la commission, si on le souhaite.

Autour de moi souffle un vent violent, des nuages effilochés s'attardent sur ma tête et de grands arbres feuillus s'élèvent au-dessus de moi. Tout près il y a des œillets blancs, je peux les toucher, je n'ai pas peur – ils fleurissent comme sur notre balcon. Ma mère les arrose tous les matins, aujourd'hui elle ne l'a pas fait puisqu'elle est à l'hôpital. Ce qu'on préfère, ce sont les pensées, avec leur visage mignon comme des enfants japonais ou des petits Pékinois.

Mon père s'est écrié : « Dieu soit loué, enfin un garçon ! » J'ai demandé comment tout ça avait pu aller si vite. Tante Millie aussi veut toujours tout savoir, et puisqu'elle dit qu'après tout elle fait partie de la famille, je peux bien me le permettre. Sauf que désormais je n'en ferai plus partie.

Lorsque les amis que mon père retrouve régulièrement au bar l'ont appelé, il a respiré bruyamment dans le téléphone : « Oui, un garçon, vraiment, un garçon », avec une voix très chaude. J'ai cru que sa voix allait mettre le feu au téléphone et le brûler. Et il a dit qu'il avait toujours voulu un garçon. Mais alors, pourquoi ont-ils commencé par me faire moi, s'ils préféraient avoir un garçon et que je suis une fille ? Peut-être achètent-ils les enfants dans une crèche où les filles sont meilleur marché, et que mon père ne m'a achetée que parce qu'il ne gagnait pas encore assez d'argent pour un garçon ? Ils se sont d'ailleurs acheté un nouveau buffet et ont offert l'ancien sans la moindre compassion à une veuve affreusement grosse de Horrem, parce que ça l'aidera à épouser son facteur et parce qu'elle a aidé ma mère pour les grandes lessives.

Ma mère a dit un jour à Tante Millie : en définitive, un homme ne dit jamais toute la vérité sur ses affaires.

Je ne sais pas pourquoi ils voulaient avoir un garçon. Je connais des garçons comme Herbert Bulle qui arrachent les ailes d'adorables petits papillons, sont incapables de faire une seule traction, crient d'effroi et tombent dans le fossé dès que je les y pousse. Je ne peux tout simplement pas comprendre comment un garçon comme celui-là pourrait avoir plus de valeur qu'une fille. Il y a là un mystère que je finirai sans doute par éclaircir.

Les filles sont de sexe féminin. J'ai appris en sciences naturelles que tous les animaux sont féminins quand ils produisent des choses de valeur. Quand ils sont féminins, ils peuvent avoir des petits, donner du lait et pondre des œufs. Les coqs sont masculins et peuvent juste être de toutes les couleurs, faire cocorico et abîmer les plumes des poules avec une grande brutalité. D'ailleurs, tout va en fait bien mieux chez les animaux. Si je pouvais pondre des œufs, ils se disputeraient ma personne, je pourrais nourrir toute ma famille et nous n'aurions plus besoin de dépenser de l'argent. Je pondrais toujours rapidement quelques œufs avant d'aller à l'école et je les vendrais au marché pour avoir de l'argent à moi. Après tout, ce seraient quand même mes œufs et je pourrais en faire ce que je voudrais. J'en donnerais la plupart à ma famille. Par ailleurs, les animaux ont de la fourrure, ils n'ont jamais froid et pas besoin de vêtements. Ils n'ont pas non plus besoin de faire attention à eux-mêmes, les fourrures ne s'abîment jamais et ne doivent pas être reprisées à grand-peine. Ils peuvent se tacher sans s'en inquiéter. Pour ma mère et moi, j'aimerais avoir de belles fourrures en laine blanche, comme les ours polaires du jardin zoologique. Mon père pourrait avoir une fourrure plus sombre, comme un buffle, parce qu'il n'aime pas porter des choses voyantes. Et Tante Millie pourrait avoir des plumes vertes de perroquet, les déployer et les lisser, elle qui veut toujours porter des choses fraîches et aériennes. Mme Meiser aurait une fourrure tout à fait ordinaire de singe pour qu'elle n'ose plus jamais se lever de sa chaise.

Bien sûr, je connais aussi des garçons qui valent mieux que Herbert Bulle. Et mon père voulait peut-être avoir un garçon particulièrement bien parce qu'il trouve qu'une petite fille comme moi est mal élevée, ne fait que jeter la honte sur la famille et lui fait continuellement payer des choses.

Avant-hier par exemple, il a fallu payer un nouveau col blanc à la boutonneuse Mlle Löwenich qui habite dans notre rue. Tout ça parce que je lui avais pulvérisé un peu d'encre dans le cou avec un très vieux stylo. Mais j'avais été obligée de le faire, parce que Mlle Löwenich n'arrête pas de venir dire à ma mère : « Ah, ma chère, je crois que vous élevez mal cette enfant. Si nous enfermions ce petit diable chaque jour quelques heures dans une pièce obscure, notre petite chérie deviendrait bien vite modeste et gentille. » Elle dit des choses comme ça, et après elle s'étonne que je sois en colère contre elle. Aucun enfant n'aime les gens qui veulent les enfermer des heures dans une pièce obscure. Et il faudrait que je sois battue. Après, elle me dit « Viens, approche-toi », et veut m'embrasser avec sa bouche pincée et délabrée. Hans Lachs dit que c'est à peu près la chose la plus horrible qu'il puisse s'imaginer, et il connaît bien la vie. J'ai aussi demandé à M. Kleinerz quand il est venu un soir boire du punch chez nous, s'il se laisserait embrasser par Mlle Löwenich. Il a dit que cette personne lui répugnait physiquement et qu'il serait parcouru de frissons. Et à ma mère : « Chère madame, vous êtes livrée sans recours à une créature démoniaque et desséchée. » J'ai demandé ce que ça voulait dire et ils m'ont envoyée au lit. Ils font toujours ça quand j'essaie d'obtenir une information le soir. Quand je pose une question le matin ils disent qu'il est grand temps de partir à l'école. À midi, je dois d'abord faire mes devoirs. L'après-midi je ne peux rien demander parce que je joue dans la rue ou dans la forêt municipale avec mes amis, car un enfant doit lui aussi avoir ses heures de liberté. Et quand j'ai à nouveau le temps de poser une question, je dois aller au lit. Jamais une pauvre enfant comme moi ne reçoit aucune réponse. Jamais.

Comme Mlle Löwenich me tyrannise et tyrannise ma mère, je suis allée l'après-midi au Coin d'or. On y trouve de nombreuses échoppes, des balançoires et des manèges. Et des stands de tir. Je pense souvent que le paradis doit ressembler à ça. Sauf qu'au paradis je n'aurai pas besoin d'argent – je pourrai faire autant de tours de manège que je veux, et aller dans toutes, absolument toutes les échoppes. Maintenant que je suis encore en vie, je ne peux entrer nulle part – mais même de l'extérieur, tout est extraordinaire. Il y a un stand avec un homme qui scie les femmes. Hans Lachs ne voulait pas croire qu'il en ait le droit, mais c'est sans doute le cas. J'ai parlé avec cet homme. Il a une grande ancre bleue sur le bras qui ne s'en va jamais, j'ai pu la voir gratuitement et de près. Plus tard, je me ferai faire sur les deux bras des petits voiliers et des écureuils – quand on a de l'argent, on peut se le permettre. Je vais demander ça à Noël. Peut-être même que je pourrais échanger mon collier en corail.

J'ai dit à l'homme que je lui donnerais mon nouvel atlas et ma bague en vrai argent que j'ai de l'oncle Halmdach s'il venait un soir dans notre rue pour scier Mlle Löwenich en deux.

Tout était planifié dans les moindres détails, mais l'homme n'est jamais venu. Parce qu'il est un artiste dans son domaine, c'est ce qu'il m'a expliqué. Et M. Kleinerz a dit qu'on ne peut jamais se fier à un artiste. Je me suis dit que je préférerais ne jamais devenir une artiste. Mais même si je ne sais pas scier des femmes, je voulais quand même faire quelque chose. Notre institutrice dit toujours qu'il faut agir selon ses moyens. Donc j'ai projeté de l'encre dans le cou de Mlle Löwenich depuis un muret. Elle a crié comme un goret et mon père, le soir, a hurlé : « Mon enfant, mon enfant, même dans un moment comme celui-là tu ne peux pas être sage, tu ne peux pas faire attention. » Ma mère a dit : « Mais mon chéri, elle ne sait rien. » Ce qui veut dire qu'ils étaient déjà au courant pour le nouvel enfant, et ma mère ne m'a rien dit.

Ah ! je voudrais être aussi merveilleusement belle qu'une fée et avoir un cœur et des cheveux en or, aussi longs que notre rue. Des milliers de pages porteraient mes cheveux en or derrière moi, Tante Millie n'aurait plus le droit de me les frictionner le soir avec de l'huile de racines de bardane puante, et le fils d'un roi viendrait et dirait : « Personne n'aura plus jamais le droit de peigner ces cheveux d'or. » Alors ils ne me tireraient plus les cheveux avant d'aller à l'école, ils me trouveraient belle et m'aimeraient. Ou alors je deviendrais un marin sauvage, fièrement appuyé à son mât, et ils pleureraient tous amèrement quand, toute droite, je m'éloignerais du port. Ah ! chère grand-mère... À minuit, les morts sortent de leurs tombes et dansent des rondes.

Je vais cueillir toutes les fleurs et ils me laisseront entrer à l'hôpital pour voir ma mère. Car M. Kleinerz a dit à mon père qu'il voulait aller voir ma mère, mais qu'il devait d'abord trouver de très belles fleurs. Mon père a dit : « Ce n'est vraiment pas nécessaire », et M. Kleinerz a rétorqué d'une voix très ferme : « Si, c'est absolument nécessaire. » Je veux aller voir ma mère.

J'étais très fatiguée et la route était longue jusqu'à l'hôpital. À un moment, j'ai demandé à un homme par où je devais descendre et il m'a dit : « Par la gauche. » Je me suis dit qu'un tel adulte ne dirait jamais la vérité à un enfant, et j'ai pris à droite. Tous les êtres humains mentent, et ne savent rien.

M. Kleinerz ne savait pas non plus pourquoi ce nouvel enfant était arrivé. Je me suis trompée plusieurs fois de rue, mais j'ai fini par trouver ma mère. Ils m'ont laissée entrer à l'hôpital parce que j'avais beaucoup de fleurs.

« Viens, ma chère petite », a dit ma mère d'une voix douce comme un coussin. Elle était allongée dans un lit étranger, son visage était blanc et joyeux comme la neige. Mon père était assis au bout sombre du lit. « Horrible enfant, a-t-il dit, qu'est-ce que tu as encore fabriqué ? Où as-tu pris ces fleurs ? » À ce moment-là, j'aurais voulu pleurer et piétiner les fleurs, je sais très bien ce qui se passe quand je ne peux plus me contenir. Des nuages montent en moi et m'enveloppent, jusqu'à ce que je ne voie plus rien et que je ne sois plus que rage. Je ne pouvais rien répondre. Il y avait une odeur étrange dans la chambre, le sol était couvert d'un froid linoléum et ma mère a dit juste à temps : « Laisse-moi seule avec elle, mon chéri, les femmes veulent rester entre femmes. » Il y avait une lueur sur son visage qui a suffi à chasser mon père.

J'ai tout raconté à ma mère. Une infirmière a dû venir et répartir les fleurs de ma grand-mère dans trois vases. Mais pendant la nuit on mettra les fleurs devant la porte, sinon elles raconteraient toute la nuit à ma mère ce que vivent les morts et elle ne pourrait pas dormir. Or, elle a besoin de dormir. Le matin on lui rapportera tout de suite les fleurs.

Ma mère a dit qu'elle m'aimerait toujours. Elle ne voulait pas avoir un enfant meilleur que moi, mais maintenant j'avais un petit frère et je devais être gentille avec lui. Ce n'est pourtant pas à cause de moi qu'ils se le sont procuré.

Les cloches de Sainte-Marie-du-Capitole ont sonné huit heures. Tante Millie a apporté le nouvel enfant. Ils m'ont juré qu'il serait bientôt plus grand et plus beau. Ils ont affirmé que moi aussi j'avais été comme ça, mais je n'en ai aucun souvenir. Je lui montrerai comment on attrape les têtards quand il pourra parler. « Tu ne peux pas dormir ici », a dit ma mère, et Tante Millie a dû me ramener à la maison. L'appartement est étrange quand ma mère n'est pas là. J'aurais préféré rester à l'hôpital.

À la maison, je me suis réveillée d'un coup. Et mon père a dit : « Tu es contente d'avoir un petit frère ? Dis-moi ce que tu préférerais faire maintenant, tu veux que je te lise le calendrier sur la protection des animaux ou qu'on regarde la mappemonde ? » J'ai immédiatement répondu : « Ce que je préférerais, c'est faire des bombes à eau et les jeter. » C'est Hans Lachs qui a appris à en faire à l'école grâce à un garçon très grand et intelligent, et je m'étais dit dans mon lit que j'aimerais bien le faire le lendemain, quand il n'y aurait personne à la maison. Mon père a poussé un long soupir et préférait me lire le calendrier sur la protection des animaux. Je connais presque toutes les histoires. Les hommes y sont tous d'abord mauvais et méchants, puis un animal mignon les rend nobles et meilleurs. Je préférerais que ce genre d'hommes restent affreusement méchants et qu'un animal mignon leur arrache la tête.

J'ai dit que ce que je voudrais par-dessus tout, c'est faire des bombes à eau. J'étais très excitée et je lui ai expliqué comment faire. Il faut plier soigneusement le papier, y verser de l'eau et jeter le tout par la fenêtre pour que ça explose dans la rue. Le mieux, bien sûr, c'est quand on fait tomber la bombe à eau sur la tête de quelqu'un, ça ne lui abîme pas la tête et ça ne fait pas mal non plus. Mon père a dit très sérieusement qu'il allait faire des bombes à eau avec moi, mais qu'il ne faudrait pas les lancer sur des gens, seulement sur les pavés.

Nous avons pris d'énormes quantités de papier et trois seaux d'eau. Mon père s'est longuement exercé, à la fin il savait faire les bombes mieux que moi. J'aime mon père, demain je le dirai à ma mère. Et nous n'avons pas arrêté de faire exploser des bombes sur le pavé, c'était magnifique. J'ai dit à mon père que nous n'avions pas besoin de lancer les bombes sur la tête des gens, mais sur le pavé juste devant eux, pour qu'ils soient surpris et complètement perdus. Mon père a dit que nous allions le faire, mais que c'était l'ultime limite.

Cela sentait les tilleuls, l'air était si épais qu'on aurait pu le saisir. Mlle Löwenich est passée en bas avec un monsieur. J'ai dit à mon père : « Attention, vas-y, maintenant ! » Et mon père ne lance pas la bombe juste devant le nez de Mlle Löwenich, mais en plein sur son chapeau vert orné d'une plume mobile, à laquelle je l'avais d'ailleurs reconnue. Bien sûr, elle crie, je rentre la tête et veux aussi tirer celle de mon père, il n'est pas encore assez entraîné. M. Kleinerz a dit : en vieillissant, on devient plus sot. Mon père s'est caché, mais Mlle Löwenich avait largement eu le temps de le voir. Alors mon père a dit : « Cette maudite vieille chèvre – mais mon enfant, je t'avais interdit de jeter des bombes sur la tête des gens ! » Alors que j'avais encore ma propre bombe à la main.

J'ai dit que j'étais contente que Mlle Löwenich ait été touchée. Alors, mon père a ri bien qu'on ait nettement pu le voir d'en bas, et a dit : « Eh bien, ça me fait plaisir à moi aussi, mais maintenant c'est terminé. » Il m'a portée dans mon lit, je me suis endormie, et il m'a demandé : « Tu l'aimes, le petit ? » J'étais si fatiguée que je pouvais à peine parler, j'ai simplement dit que j'avais déjà parlé de tout ça avec ma mère et que, de toute façon, l'enfant était là. Je l'aimerai peut-être plus tard, je lui prêterai peut-être un patin à roulettes quand il saura marcher, mais en attendant je ne pourrai pas faire grand-chose d'un enfant aussi petit.

Nous écrivons à l'empereur

Nous n'avons plus le temps de jouer, Hans Lachs et moi. Nous faisons quelque chose de très important, les adultes vont encore ne pas en revenir. Faire cette chose importante ensemble nous est rendu très difficile, à cause de l'affaire de la maison en construction.

Ils disent que nous avons complètement inondé la maison – les enfants Schweinwald, Hans Lachs, Otto Weber et moi. Mais ça ne serait jamais arrivé si les adultes ne s'étaient pas une fois de plus mêlés de nos affaires.

Une fois les maçons partis, nous allions beaucoup à la maison en construction, parce que c'est bien plus beau qu'une maison terminée. Nous n'en avions pas le droit parce que nous n'avons jamais le droit de faire de belles choses. Nous nous y sommes exercés au métier de pompier, parce que c'est peut-être ce que nous ferons plus tard, et cette profession exige de l'abnégation, tout le monde doit s'incliner devant nous, nous filons à une vitesse folle à travers les rues et sommes des héros. Peut-être la guerre s'arrêtera-t-elle un jour, et M. Kleinerz dit qu'alors bien des choses changeront, pour le moment c'est impossible à prévoir. Mais les pompiers resteront, ils conserveront un grand prestige et recevront toujours des médailles. Et on dit qu'il y aura toujours du feu, même sans guerre. Le feu est merveilleux, mais l'éteindre aussi est formidable.

Les cadets des Schweinwald devaient toujours rester en bas de la nouvelle maison et nous les sauvions au péril de notre vie. Hans Lachs et moi étions capitaines, nous escaladions les plus hautes poutres, montions et redescendions par les cordes en criant : « En avant, fidèles pompiers, en avant, d'abord les vieilles femmes et les enfants ! » Kätti Schweinwald était une vieille femme et devait être enveloppée dans la couverture de cheval qu'un cantonnement de soldats avait un jour oubliée chez nous. Nous n'avions pas pu restituer la couverture parce que les soldats étaient déjà repartis pour le front et qu'en plus, il était devenu impossible de trouver de laine. La couverture est la propriété de l'armée, mon père ne doit rien savoir et, en fait, je n'ai pas le droit de jouer avec, parce que ma mère veut la teindre en bleu pour m'en faire un manteau. Mais j'en avais besoin pour sauver la vieille femme. Il nous fallait aussi un drap pour réceptionner les gens qui se jettent par les fenêtres. C'est la couverture d'Otto Weber qui était la plus grande. De la chaux toute bête y a creusé un vrai trou. La chaux est comme le feu, mais nous ne le savions pas.

Avant, à la maison, nous avions des pots en cuivre, mais maintenant on en fait des canons, et c'est pourquoi Hans Lachs et moi devons porter de simples seaux émaillés gris en guise de casques.

Le plus beau, ça a été quand les robinets d'eau ont été posés dans notre nouvelle maison. Alois Schweinwald ne supporte pas l'eau froide et a crié comme si ça avait été un vrai incendie, c'était magnifique. Et tout se serait bien passé si des adultes n'avaient pas tout d'un coup hurlé de l'extérieur : « Qu'est-ce que vous faites là ? Dépêchez-vous de sortir ! » Dans sa course éperdue, Hans Lachs a perdu son casque, ma mère devait y faire cuire des légumes le lendemain. Et moi, je suis tombée dans la boue avec Kätti Schweinwald, nous nous sommes embourbées au péril de notre vie. Nous avons quand même pu tous en réchapper, y compris les vieillards et les enfants.

Le lendemain, des hommes sont venus voir nos parents parce que dans les environs nous étions connus comme le loup blanc et que la maison était inondée. Comme nous avions dû prendre la fuite, nous avions bien sûr laissé les robinets d'eau ouverts. Otto Weber pensait que je les avais fermés. Je pensais que Hans Lachs les avait fermés. Hans Lachs pensait qu'Otto Weber les avait fermés. Les enfants Schweinwald ne pensaient rien du tout.

C'était dimanche, nous avons dû aller à l'église et avons été battus. Et le professeur Lachs nous a lu un article de journal qui parlait d'un gentil garçon qui avait le sens du devoir et ne donnait que des satisfactions à ses parents. Ce garçon avait écrit une lettre à l'empereur sur le devoir et le travail. Cela avait fait plaisir à sa Majesté, qui avait envoyé un poney au jeune garçon. Un vrai poney, vivant, il faut se l'imaginer. Le professeur Lachs dit toujours qu'il exerce son influence pédagogique sur nous par la lecture d'articles de journaux appropriés.

Le dimanche après-midi, nos parents désespérés ont traversé tous ensemble la forêt municipale pour aller boire un café à Lindenthal, et les enfants n'ont pas eu le droit d'y aller avec eux, en guise de punition. J'étais bien contente, car je déteste faire des excursions avec les adultes et me promener avec eux. La vie tout entière m'oppresse alors comme si j'avais mille corsets orthopédiques. Et s'il y a un autre enfant, ils disent : « Donnez-vous gentiment la main et marchez devant ! » Eh bien, j'ai beaucoup d'amis avec lesquels je joue, mais nous ne nous tenons jamais par la main quand nous sommes seuls et que nous allons courir dans la forêt ou ailleurs. Et quand je dois marcher avec mes parents et Tante Millie sans autre enfant, je les dérange, ils n'arrêtent pas de remettre mes habits en place, je ne suis jamais assez jolie à leur goût. Et ils restent assis pendant des heures dans un café ennuyeux et ne me laissent même pas boire ma limonade en paix. Il faut que je boive à petites gorgées, par convenance et pour ne pas me refroidir l'estomac, sinon je vomirai tout. Puis ils découvrent dans un autre coin un enfant parfaitement inconnu accompagné de gens parfaitement inconnus et ils disent : « Va donc voir la petite fille, là, joue avec elle, regarde, elle ne te quitte pas des yeux, faites donc connaissance et ne sois pas si empruntée, non mais c'est quelque chose ! » Ils me regardent tous et je suis censée aller voir l'enfant inconnu. Mais je n'en ai pas envie, on ne peut faire des choses comme ça que si on en a envie. Les adultes ne parlent à aucune femme inconnue dans le café, même mon père ne le fait pas, et pourtant ce n'est pas un lâche.

J'étais donc très contente de ne pas avoir à participer à cette promenade du dimanche. Nous devons réfléchir à nos actes et rester seuls à la maison. Tante Millie ne voulait pas que je reste seule, de peur que je fasse de nouvelles bêtises. C'est méchant de sa part de ne jamais me faire confiance.

J'ai commencé par réfléchir et après, j'ai eu terriblement envie d'aller voir l'inondation dans notre maison, et les enfants Schweinwald m'ont sifflée. Leur père est veilleur de nuit, il dort presque toute la journée et c'est pour ça qu'il ne leur arrive jamais rien. J'ai crié par la fenêtre que je n'avais pas le droit de descendre. Alors ils ont sifflé Hans Lachs, et à nouveau moi. Et Hans Lachs a agité son maillot de bain et a crié qu'ils allaient nager dans la nouvelle maison.

En fait on ne pouvait pas vraiment y nager, mais on pouvait s'y baigner, plonger, jouer aux sous-marins. Nous nous sommes un peu salis et il nous a fallu plusieurs jours pour faire partir toute la saleté. On nous a très sévèrement interdit de nous retrouver les jours suivants, parce que nous nous pervertissons mutuellement. Mais c'est absolument faux.

Hans Lachs et moi écrivons maintenant à l'empereur, pour tout réparer et tout sauver. Pour cela, nous devons nous retrouver en cachette l'après-midi dans le vieux fort. Je dois dire à ma famille que je vais faire mes devoirs chez Alma Kubus. Et Hans Lachs s'est inscrit à l'association enfantine du chanoine

Schlauff pour chanter des cantiques et s'édifier. Mais il n'y va pas.

Nous écrivons à l'empereur d'abord au brouillon. Nous n'en parlons à personne. Plus tard, quand nous recevrons une lettre de l'empereur ou un télégramme, à l'école personne n'y croira, puis ils s'inclineront devant nous avec stupéfaction. Ils sauront que nous sommes bons et gentils comme le petit garçon au poney, et bien meilleurs encore. Et ils seront heureux de nous avoir.

Hans Lachs et moi n'écrivons pas une lettre ensemble, mais une chacun. Parce que ce serait vraiment affreux si nous recevions un seul télégramme ou une seule lettre pour tous les deux. Peut-être la réponse serait-elle même adressée à Hans Lachs, et il dirait qu'elle est à lui. Ou bien il faudrait la couper en deux et, si l'empereur écrit « Ton Wilhelm », l'un aurait Wil et l'autre elm, il faudrait tirer au sort pour le h du milieu et personne n'aurait rien de correct. Je veux une réponse pour moi seule, Hans aussi et nous ne voulons pas nous disputer, nous allons l'écrire à l'empereur.

Et j'écris à l'empereur que j'ai parlé avec vraiment beaucoup d'adultes très intelligents qui pensent que la paix c'est bien mieux que la guerre, que d'ailleurs la guerre a assez duré, que c'est une cochonnerie, qu'en tant qu'empereur il devrait quand même le savoir et qu'il est obligé de toujours rester enfermé dans son château pour gouverner, mais que moi, je peux courir partout et entendre ce que disent les gens. Et que le mieux serait qu'il abdique. Je ne sais pas ce que ça veut dire, mais un empereur sait tout et doit toujours apprendre plus que les autres hommes. Et je lui écris qu'à l'école, nous chantons sans cesse très fort beaucoup de chants formidables qui parlent de lui et de sa splendeur, pour le louer. Et que ça me fait de la peine qu'il porte toujours une couronne aussi lourde, avec laquelle on ne peut pas faire un geste, alors que moi je n'arrive même pas à garder mon béret de marin. Je lui parle aussi du tableau qu'il y a dans la grande salle de notre école et sur lequel est écrit : « J'ai donné de l'or pour du fer. » Ce sont les femmes qui sacrifient leurs alliances et leurs longs cheveux qu'elles ont coupés sur l'autel de la patrie. Ma mère veut garder son alliance à tout prix, mais moi j'aimerais bien couper mes cheveux très courts, ils ne font que me gêner. Je les offrirais bien volontiers à l'empereur, mais il n'y en a pas beaucoup et d'ailleurs, qu'est-ce qu'il en ferait ? Quand il aura une grande collection de cheveux, il y en aura toujours quelques-uns qui tomberont dans ce qu'il mange. Tante Millie porte dans sa coiffure des ajouts très volumineux, il y en a des tas dans sa coiffeuse, je pourrais fort bien les prendre en cachette et les lui envoyer. À l'école ils disent toujours que l'inventivité allemande trouve à s'employer partout. Et j'écris que nous voudrions avoir plus de journées libres, pas seulement le dimanche, mais aussi le lundi et le mardi, et peut-être même le mercredi. Et nous lui parlons des tourments que nous font subir les différentes institutrices. Je veux que l'empereur fasse révoquer Mlle Knoll, car un empereur est quelqu'un de juste et le protecteur de tous les faibles ici-bas.

Ah ! peut-être ma mère sera-t-elle bientôt contente. Elle souhaite elle aussi bien souvent que la guerre se termine, elle dure depuis déjà presque quatre ans et continue encore. Ma mère pleure, tous ses frères sont morts au front, je ne les ai jamais vus mais je leur ai tricoté des mitaines et des écharpes, et les mailles n'arrêtaient pas de tomber.

Quand il n'y aura plus la guerre, on n'aura plus besoin de faire la queue aussi longtemps devant l'organisme de vente municipal pour de la confiture infecte, même si j'aime bien en manger. Parfois, je dois attendre plusieurs heures – il est déjà arrivé que Mme Schweinwald s'évanouisse devant moi. Depuis, je m'entraîne régulièrement à m'évanouir en cachette à la maison, je saurai bientôt le faire. Il faut juste faire très attention à l'endroit où on fait tomber sa tête.

Avant, quand nous étions en paix, mon père est allé en Amérique avec un bateau aussi grand que notre rue et aussi haut que la cathédrale, et il pouvait manger toute la journée, autant qu'il voulait. Il nous en parle parfois le soir. Il y avait des tartes et pas de saccharine, du vrai sucre. Et des bananes, des oranges et des tartines aussi grandes que le bateau, avec beaucoup de vrai beurre dessus. Et des gâteaux et du miel, autant qu'on en voulait. Il m'a même rapporté d'Amérique une paire de vraies chaussures d'Indiens, ça s'appelle des mocassins et à cette époque-là je n'étais pas encore vraiment née. Mais j'ai encore les chaussures. Je ne peux pas les porter, elles décorent mon étagère. Ma mère a sur son buffet des petites chaussures que je portais quand j'étais bébé. Elle leur a fait mettre un revêtement vert en pierre. Je ne comprends pas comment on peut faire ça. Je ne comprends pas non plus que je ne sache plus que j'ai été si petite. Peut-être qu'on me ment. Maintenant, je porte des sandales en bois grâce auxquelles je tape sur les nerfs de tout le monde ; c'est quand je descends l'escalier en courant que je fais le plus de bruit, parce que l'escalier est en bois creux et qu'il n'y a plus de tapis. Et je suis alors comme une trompette grondante, un tambour de guerre indien venu de chez les Nègres, et j'adore m'entendre.

Nous avons aussi eu du miel, du vrai miel d'abeilles, quand nous sommes allés à Dimmelskirchen. J'ai dû venir pour aider à porter, et je n'avais pas besoin de me comporter comme pendant les excursions visant à se distraire et à aimer la nature.

À une heure de Dimmelskirchen vivait un paysan qui avait fait des affaires avec mon père. Il ne voulait rien donner, parce que les gens de la ville sont une plaie et qu'il ne supporte pas ceux qui n'ont rien à manger. Mais mon père avait du pétrole pour lui, et il nous a donné des œufs, que nous ne devions montrer à personne. Ma mère les a mis dans son chemisier, on n'avait pas le droit de la toucher ni de la bousculer. Et j'ai dû cacher des pots de miel dans ma blouse de marin. On ne pouvait pas dormir chez le paysan, et nous avons beaucoup marché – il était très tard et il faisait nuit quand nous sommes arrivés à Dimmelskirchen. On avait envie de dormir, je ne pouvais plus faire un pas. Mais il n'y avait pas de chambre, seulement une auberge qui n'avait plus de place. J'aurais tant aimé revoir une étable à l'odeur de pelage tacheté et chaud, dans laquelle les vaches font lentement tinter leurs chaînes.

Mon père est allé de maison en maison sans jamais trouver de lieu où dormir. Aucune lune ne brillait, aucun réverbère, je suis tombée trois fois dans la rue – mais les pots de miel ne se sont pas cassés, seulement mes genoux. Peut-être que notre paysan aurait fini par nous laisser nous asseoir dans sa cuisine, mais dans l'obscurité nous ne pouvions plus retourner chez lui, et nous ne pouvions plus non plus repartir, car il n'y a pas de gare à Dimmelskirchen – la plus proche est à presque une heure de marche. Dans la nuit noire, il est impossible de trouver le chemin, qui passe à travers la forêt avec des racines et des pentes abruptes dans lesquelles on peut tomber.

Finalement nous avons pu rester dans le cloître d'un hôpital. Mais eux aussi nous ont d'abord refusés. Dans une grande salle vide, nous nous sommes assis sur un banc, très serrés les uns contre les autres parce qu'il faisait très froid. Nous avons mangé un pot de miel avec le couteau de poche de mon père, chacun à son tour. J'aime bien manger avec un couteau, malheureusement je n'en ai jamais le droit. Ma mère a dit que le vrai miel d'abeille réchauffe et rend plus fort.

À cinq heures du matin, des ouvriers et des ouvrières ont marché vers la gare pour aller à l'usine. Ceux qui ont des visages et des cheveux verts et jaunes viennent toujours d'usines de munitions, ça transforme, j'en connais beaucoup.

Tous portaient des lampes qui se balançaient faiblement et avec lassitude, nous les avons suivis. Personne ne parlait, peut-être que tout le monde avait peur de la forêt sombre et des bandits qui y vivaient. Une vieille dame toute petite, comme une naine, trébuchait sans arrêt en portant un sac à dos bien plus grand que son dos – mon père a voulu le lui porter, mais elle s'est mise à grogner comme un chien et s'est vite enfuie de peur.

Sur le quai se trouvait un réverbère, mais il éclairait à peine. Nous attendions le train et avions froid, mes yeux ne s'ouvraient pas complètement. Tous se tenaient si courbés et tristes, le noir des rails luisait. Il s'est peu à peu mis à pleuvoir, à ce stade plus rien n'avait d'importance. Un gendarme est arrivé, ses boutons brillaient. La pluie a redoublé de peur et il a parlé fort, a pris le sac à dos de la petite femme et l'a secoué. Des patates ont rebondi sur les pierres comme des souris brunes, un œuf s'est écrasé au milieu, irisé dans la lumière. La femme s'est enroulée sur elle-même comme un cloporte qui a peur qu'on le touche. Tout était immobile et silencieux, et quelqu'un a dit : « Après tout, ce fonctionnaire ne fait que son devoir. » Et nous regardions tout comme si nous étions en plein sommeil, en train de rêver. Je hais ce gendarme et je ne ferai aucun devoir. Un vieil homme près de moi a sorti une main sinueuse et bosselée de sa poche et l'a tendue vers le sol – les patates étaient trop loin – il a remis sa main dans sa poche, et sa main a tremblé.

Le train est arrivé, nous sommes montés dedans. Nous étions entassés les uns sur les autres, il faisait plus chaud dans le train, les hommes sont bons – il y avait une odeur infecte, je me suis sentie mal. Puis je me suis soudain rendu compte que mon corps était bizarrement collant, j'ai passé la main sous ma blouse de marin – le pot de miel s'était joyeusement cassé, j'étais solidement collée à la foule.

Je voudrais que l'empereur fasse la paix. Je le lui écris, un empereur peut tout, c'est bien pour ça qu'il est empereur. Mlle Knoll a dit qu'il était Dieu sur terre et M. Kleinerz, qu'il avait aussi énormément d'argent. Hans Lachs a dit : tu imagines, être le bon Dieu, un empereur avec une couronne et avoir énormément d'argent. Et l'hermine, qu'est-ce que c'est ? Il a aussi de l'hermine. Il devrait quand même pouvoir faire en sorte que du pain blanc pousse sur tous les arbres, que le Rhin devienne un fleuve de confiture, que les hommes aient tout à coup quatre bras, pour le cas où un coup de feu leur en emporterait un, et que tous les soldats morts revivent. Nous avons lu des choses sur le noble jeu de la guerre, et aussi souvent joué à la guerre avec les enfants Schweinwald, et nous sommes précipités par terre comme si nous étions morts. Mais nous nous sommes toujours relevés, et quand j'ai saigné à la tête mon père a dit : il ne faut pas que ça dégénère.

Un coup de feu a emporté un bras à M. Kleinerz. Il dit qu'il y a des choses encore pires, mais je ne peux pas le croire. Quand il était au couvent de la Trinité, nous sommes allés le voir tous les jours, mon père et moi. Nous lui avons apporté des mirabelles vertes, toutes nos églantines rouges et des jeux de patience, aux autres blessés aussi. Je leur ai raconté des milliers d'histoires à propos des loups qui ont des dents grandes comme des peupliers et qui mangent de l'herbe et des moutons, mais les herbes deviennent tout à coup des chardons qui leur déchirent le ventre, quand arrive alors un très grand mouton avec des ciseaux qui ouvre le ventre du loup, comme dans le Petit Chaperon rouge. Je leur ai aussi raconté quand je plonge tout au fond de la mer jusqu'aux massifs de corail, et que des requins nagent autour de moi sans me mordre, parce que je leur donne de l'ambre. Les blessés aussi ont raconté des histoires, nous avons tous raconté des choses et un jour, l'un d'eux a joué tout doucement de l'harmonica et a chanté *Schwarzbraunes Mägdelein*... Je suis souvent allée seule voir les blessés, sans mon père. Mais je ne suis pas impératrice. L'impératrice place avec bonté sa douce main sur le front d'un soldat qui a la fièvre, et tous les blessés sont heureux et voudraient mourir de bonheur. Je ne suis pas capable d'en faire autant.

M. Kleinerz m'a raconté qu'en temps de paix il y a autant de vrai pain blanc qu'on veut, il suffit d'entrer dans un magasin. Quand ils étaient enfants, ils trempaient leur pain blanc dans leur lait et le mangeaient. Je voudrais pouvoir faire ça, car ça ne rend pas malade. Notre docteur Bohnenschmidt est terriblement vieux et sait tout, il a dit que les abcès sur mes jambes et mes pieds venaient du pain. Depuis j'ai peur de manger du pain et d'ailleurs, ma mère ne m'en donne plus, parce qu'elle a déjà trop enduré à cause de moi. Elle jeûne pour me garder tout ce qui n'est pas dangereux à manger. Maintenant je n'ai plus que des cicatrices aux jambes, et ça ne fait plus mal. Mais avant, il fallait les presser pour faire sortir le pus – c'étaient de vrais trous –, et y verser de l'iode. Tous les soirs. Ça faisait atrocement mal, quand je me levais le matin je redoutais déjà le soir. Quand l'iode arrivait dans les trous, je criais tellement qu'un jour la police est venue, parce que les voisins d'en face pensaient qu'on me maltraitait et avaient dénoncé mes parents.

Chez Mengers, un soldat étranger bêche le champ. C'est un prisonnier et il appartient aux Allemands. Quand il n'y a personne à l'auberge, Mme Mengers me laisse parfois jouer avec les boules sur le billard. J'imagine que les boules sont des fleurs que je fais rouler sur une grande prairie verte. Je n'ai pas le droit de pousser les boules avec la queue, pour ne rien abîmer. Une fois, Mme Mengers m'a dit d'aller dans le champ apporter du café au prisonnier, après tout lui aussi est un être humain.

Au début j'avais peur, parce que le prisonnier est un ennemi. Mais il était tranquillement assis sur une pierre, les mains sur sa pelle, ses yeux étaient fatigués et silencieux, son menton était gris, et rien ne riait, tout était si triste. J'étais là avec le café, le ciel était grand et bleu et le champ brun sans fin. Pas un oiseau ne volait, j'étais toute seule avec le prisonnier. Sa casquette était posée par terre, ses cheveux étaient comme de l'herbe fanée et s'agitaient dans le vent. Il voulait rentrer chez lui, il voulait sûrement rentrer chez lui. Il vient d'un autre pays. Les autres pays sont loin, nous ne les avons pas encore étudiés à l'école, mais mon père le dit. Il est d'ailleurs déjà allé une fois en Roumanie et a rapporté à ma mère un corsage brodé. La Roumanie, où est-ce donc ? Et il y a aussi l'Afrique avec des nègres, des nègres noirs, et le soleil est très chaud. Ils n'ont pas besoin des vacances d'été pour se faire bronzer, ils sont bronzés dès le départ, et encore plus bruns que Mlle Löwenich qui est allée exprès à Borkum pour que les dames de son cercle lui disent : « Mais vous êtes noire comme une négresse ! » Et parfois, ma mère se met sur le balcon, s'effondre sur la vieille chaise longue, se retrouve avec des bleus sur le corps, a terriblement froid et dit en pleurant à mon père : « Ah, mon Dieu, Victor ! Pourtant le soleil de mars fait bronzer ! »

Si au moins je pouvais parler avec le prisonnier étranger. J'ai cherché dans mes mots étrangers, j'en connais quelques-uns. J'ai dit : « Abracadabra. » Et « Sésame, ouvre-toi », « Abdullah », « Vodka », « Oh là là, Mademoiselle », « État libre du Libéria » et « Tour et Taxis », ce sont des collections de timbres-poste, et sur le moment rien d'autre ne m'est venu. Le prisonnier m'a regardée et n'a pas répondu. Mais il a eu des gestes amicaux, a bu son café en une seule longue gorgée et remis sa casquette. Puis il m'a donné un petit crucifix en ivoire.

J'ai voulu à nouveau jouer au billard, mais les boules roulaient bien tristement. Je regardais par la fenêtre ; tout au loin, le prisonnier s'était remis à bêcher et ne s'est plus arrêté. J'aurais voulu qu'il puisse rentrer chez lui. Je ne voudrais pas être prisonnière, mon Dieu, je ne voudrais jamais être prisonnière et ne pas pouvoir rentrer chez moi.

Quand ce sera la paix, le prisonnier pourra rentrer chez lui et nos soldats pourront rentrer chez eux, tout le monde pourra rentrer chez soi. Mon soldat aussi. Il est en France, je ne le connais pas. J'ai fait un jour envoyer un paquet par la poste des armées à un soldat solitaire qui avait perdu ses parents. Monsieur

Kaplan nous a donné à l'école des adresses de soldats seuls. Il m'a écrit et je lui écris toutes les semaines. Nous avons eu une fois un petit jambon, nous en avons mangé la moitié et j'ai pu envoyer l'autre à mon soldat. Il m'a envoyé des cartes merveilleuses qu'il avait dessinées, avec des tanks et des montagnes couvertes de réseaux de fil de fer et des prairies pleines de fil de fer barbelé. J'ai collé les cartes dans un album, mais vivre là-bas, je n'aimerais pas.

Nos lettres à l'empereur sont devenues très longues. J'ai écrit sur du papier rose et Hans Lachs sur du bleu. Nous n'avons pas collé de timbres, nous nous sommes dit qu'à l'empereur, on pouvait écrire sans.

Tout est à nouveau devenu particulièrement grave. Nous avons attendu une réponse et étions contents, nous n'aurions jamais cru cette fois que tout pourrait à nouveau mal tourner. Mais des hommes haut placés à Berlin ont intercepté nos lettres et ne les ont pas données à l'empereur, nous en sommes absolument certains, Hans Lachs et moi. Nous ne comprenons cependant toujours pas pourquoi ils sont aussi cruels. Tous les jours, le professeur Lachs et mon père doivent se rendre à la préfecture de police à cause des lettres. On pense que nos pères étaient au courant. Comme si les enfants étaient incapables de garder un secret ! Nos parents nous haïssent comme jamais – ils ont la tête pleine de colère et de soucis, et à cause de nous ils sont confrontés à de dangereuses difficultés et à une cavalcade sans fin. Les lettres doivent aussi être transmises à l'école pour que nous soyons renvoyés. Ma mère ne veut pas connaître pareille honte, nos pères doivent tout arranger. Nous ne voulions rien faire de mal, au contraire – personne ne nous dit ce qu'il y a de si grave – ils se contentent tous d'affirmer que nous sommes si abominables qu'il n'y a pas de mots pour nous décrire.

Hans Lachs a pleuré et a dit qu'il était désormais lui-même convaincu d'avoir été abominable. J'ai dit que nous devrions trouver de l'argent, aller voir l'empereur en personne et lui dire qu'on ouvre son courrier. Ça ne se fait pas. Je le sais très bien, puisque Tante Millie a voulu un jour lire une lettre adressée à ma mère. Hans Lachs a tout de suite arrêté de pleurer et voulait venir avec moi voir l'empereur. Or pour récolter de l'argent, il fallait se battre avec l'ours.

Nous étions devant le cirque. Otto Weber, les aînés Schweinwald, Hans Lachs et moi. Personne ne pipait mot – Hans Lachs et moi avons tiré au sort avec une vieille capsule de bière qu'on a lancée en l'air. J'ai perdu et tout le monde a dit : « Mais tu ne le fais pas. » Je l'ai fait. J'étais tétanisée par la peur, ne savais plus rien, n'arrivais plus à penser, ne vivais plus, mais je l'ai fait. J'ai couru dans le cirque, devant tout le monde, jusqu'aux clowns et à l'ours.

Je voulais lutter avec l'ours, le clown était tout près. J'ai attrapé ses oreilles pour tirer sa tête vers le bas. Il m'a alors regardée avec des yeux terriblement tristes et il est tombé. Je l'ai à peine touché, il était bien plus faible que moi. Par la suite les gens du cirque ont dit que l'ours était épuisé. Il a terriblement faim et on ne lui donne pas de viande à manger, rien. Hans Lachs a voulu récolter de l'argent pour le combat mais on ne nous a rien donné. C'était méchant, mais en même temps nous ne nous étions pas vraiment battus. Et l'ours aurait pu me dévorer, mais il ne l'a pas fait. Je n'ai pas pu m'empêcher de pleurer à cause de l'ours triste, Hans Lachs avait envie de pleurer à cause de l'injustice, les aînés Schweinwald étaient avec nous et ne pleuraient pas. Nous étions sur l'herbe, nos pieds étaient mouillés – il était tard, nous allions encore avoir des ennuis. Puis un soldat en permission blessé, qui était dans le cirque, est venu nous voir et m'a donné un mark.

Nous étions si heureux d'avoir un mark, qu'avions-nous encore à faire chez l'empereur ? S'il ne sait pas tout par lui-même, c'est qu'il n'a vraiment aucune valeur. Hans Lachs a dit qu'il trouvait désormais M. Zeppelin bien plus intéressant, qu'avec lui il y avait beaucoup plus d'action, et qu'il voulait lui écrire.

Nous voulions acheter du succédané de miel pour le pauvre ours, il aime sûrement ça. Puis nous avons eu envie d'aller au Coin d'or et de faire de la balançoire – toujours plus haut, tout en haut, jusque dans les nuages. Il n'y a rien de plus beau.

Chez moi ils savaient déjà tout de l'histoire de l'ours quand nous sommes rentrés. Ma mère m'a prise dans ses bras. M. Kleinerz était là aussi et a dit que nom de Dieu, il n'arrivait pas à comprendre qu'il y ait encore des enfants sur cette terre et que l'humanité n'ait pas été totalement éradiquée depuis longtemps quand il voyait Hans Lachs, moi et les dangers que nous encourions. « S'il vous plaît M. Kleinerz, ne jurez pas devant ces épouvantables enfants », a dit Tante Millie.

Mon père est venu avec nous voir l'ours, nous voulions lui apporter du miel artificiel. L'ours était mort. Il n'a pas eu de viande, c'est la faute de la guerre, j'aurais voulu que nous soyons en paix, j'aurais voulu que l'ours soit en vie – je veux que l'ours revive.

Quand j'étais porteuse de bacilles

Maintenant, c'en est tout à fait fini de moi. Je suis allée presque jusqu'aux limites de la ville. En chemin je me suis assise dans une prairie déserte, juste à côté d'un cierge de saint Fiacre. Je ne l'ai pas cueilli, parce qu'il ne fleurit qu'en haut de sa tige et, tout le long, il y a des boutons fanés ou qui ne s'ouvriront pas une fois la fleur cueillie.

Je n'ai même plus le droit d'aller à l'école. À la maison, nous avons déjà déjeuné et je ne sais même plus quelle heure il est. Tout est sens dessus dessous et je dois rester tout le temps seule. Aucun enfant à la ronde n'a plus le droit de jouer avec moi, parce que je suis porteuse de bacilles. Avant, il arrivait déjà que les enfants n'en aient parfois pas le droit parce que j'étais mal élevée et insolente. Mais cette fois, je suis très bien élevée et je n'ai rien fait de mal. Je suis devenue porteuse de bacilles parce que mon petit frère a la scarlatine.

Quand j'étais mal élevée, j'étais un peu responsable du fait que les enfants n'aient pas le droit de me fréquenter. Et quand je sifflais sous leurs fenêtres, ils venaient quand même, Hans Lachs a continué à construire la caverne avec moi et Mathias Ziskorn a retourné des pierres pendant des heures avec moi pour voir ce qu'il y avait dessous. Tout est mystérieux sous les pierres, il y a des herbes écrasées d'une pâleur mortelle qui se remettent à vivre tout d'un coup. Et des fourmis et des perce-oreilles agités qui grouillent et filent comme des flèches. Et des cloportes qui se recroquevillent comme des petites boules rondes et dures. Nous délivrons tout ce qui est sous les pierres et ils ont tous peur parce que nous les libérons. Moi aussi j'ai toujours un peu peur, tout est si mystérieux sous les pierres. On ne sait jamais ce qui va surgir. Les herbes délivrées et les bêtes qui grouillent pourraient se mettre tout d'un coup à crier ou à parler, ou me regarder avec des yeux fous et me sauter dessus.

Je n'aurais jamais cru que je puisse être punie sans avoir rien fait d'interdit. Une punition s'est abattue sur moi par l'intermédiaire des bacilles, c'est à n'y rien comprendre. Le monde est devenu étrange, il est méconnaissable parce que je dois toujours rester seule et que j'ai tout le temps du temps.

Le plus souvent, M. Kleinerz n'a pas de temps pour moi non plus. Les adultes ont des métiers, c'est fâcheux. Il m'a expliqué l'affaire des bacilles. Puisque mon petit frère a la scarlatine et qu'il est alité à la maison, il est contagieux et tout le monde peut attraper la scarlatine. Peut-être attraperai-je moi-même la scarlatine. Et même sans l'avoir, je peux contaminer d'autres gens. Je ne sais pas comment une telle chose peut se produire. Peut-être les bacilles sont-ils des esprits et des sorcières invisibles, qui planent partout dans notre appartement et me poursuivent où que j'aille. Et quand ensuite je rencontre des gens qu'ils ne peuvent pas supporter, ils se mettent sans doute à les mordre et à les contaminer. Les esprits peuvent tout faire, comme les nains qui vivent dans la mousse et les diables qui habitent des bouteilles. Certes, la plupart du temps ils sont invisibles et ne parlent pas, mais ils grandissent parfois tout d'un coup et se montrent à quelqu'un ; alors, on peut faire un vœu. Peut-être y a-t-il aussi de bons bacilles, peut-être l'un d'eux m'apparaîtra-t-il et m'offrira trois caniches nains. J'ai vu récemment trois jolis caniches nains dans un jardin : ils m'auraient certainement suivie avec plaisir, mais ils étaient enfermés et je n'ai pas réussi à leur ouvrir la porte.

Je pourrais sans doute aller jusqu'à la rue où se trouve la boutique avec les souris qui dansent. Il y a aussi des perroquets et des milliers d'autres oiseaux, des petits singes, des poissons qui ont des nageoires-voiles et des tortues comme de petits toits tout plats et très lents. Mais peut-être que ces animaux aussi pourraient attraper la scarlatine à cause de moi. Je suis parfois prise d'une rage folle contre les bacilles, mais je ne me risque pas à le dire parce que je ne veux pas les énerver.

Chez moi ils veulent toujours se débarrasser de moi, et d'ailleurs je ne m'y plais plus beaucoup. Ma mère porte un tablier blanc, elle soigne mon petit frère, je n'ai pas le droit de m'approcher d'elle à cause de la contagion et parce qu'elle est surmenée. Tante Millie fait la cuisine, mon père dit que c'est un goinfre et qu'il doit sans arrêt prendre sur lui pour ne pas exploser. Tante Millie pleure et trouve tous les êtres humains mauvais et ingrats et ensuite, il faut encore la consoler laborieusement. Entre-temps arrive le docteur Bohnenschmidt et ils se mettent à courir dans tous les sens, il fait résonner sa voix à travers tout l'appartement et dit que mon frère est le cas le plus bénin que l'on puisse imaginer et qu'il n'y a plus aucun risque. Je me cache pour qu'il ne me voie pas, parce qu'il voudrait que je sois aussi loin que possible ; il préférerait même que je dorme chez quelqu'un d'autre. Mais moi, je ne veux pas, et il est probable que quelqu'un d'autre n'ait aucune envie de m'accueillir. Ensuite le docteur Bohnenschmidt se lave les mains, tout le monde court pour lui trouver des serviettes propres et s'agite autour de lui et, pour terminer, il oublie à chaque fois son chapeau et je dois courir le lui rapporter. D'ailleurs, pourquoi n'est-il pas porteur de bacilles ? Après tout il passe son temps chez nous, au chevet de mon frère. Il n'y a que moi qu'on oblige toujours à être quelque chose d'interdit et de laid.

Dès que personne ne regarde, je vais vite dans la chambre de mon frère. On lui donne tellement de sirop de framboise qu'il ne peut pas le boire tout seul et d'ailleurs, il n'a pas envie d'être seul, il préfère faire de la gymnastique dans son lit bien qu'il n'en ait pas le droit. On fait du théâtre d'ombres et je lui raconte une petite histoire, celle du fils de roi auquel un cheval a arraché la tête. Et aussi qu'il y a quelque temps, je regardais par la fenêtre quand un diable a traversé la rue ; un ange a soudain jeté une étoile du haut du ciel, en plein sur le diable qui en est mort sur le coup et le lendemain, les éboueurs l'ont tranquillement ramassé et jeté. Les anges sont venus récupérer l'étoile et l'ont raccrochée là-haut. Et je raconte comment je suis allée en Zeppelin jusqu'en

Afrique où nous n'avons pas arrêté de heurter des girafes géantes.

Quand je suis avec mon frère, je dois faire terriblement attention à ce que personne ne me voie dans sa chambre ; je lui ai montré comment jeter ses cubes de construction contre le mur pour que je sache quand il est seul.

Les enfants malades sont bien différents dans mes livres d'histoires. Ils ont la fièvre et disent des choses merveilleuses, et ils se tordent si bien que tous les adultes qui les entourent pleurent et deviennent meilleurs ; et des reines leur apportent de grandes quantités de raisins et des comtes au cœur dur s'ennoblissent, offrent des fagots de bois à la pauvre famille, sauvent du mont-de-piété la dernière maigre chèvre et toute la famille remercie Dieu pour son salut. Mais les enfants comme ceux-là sont dès le début dans une hutte, sur de la paille. Moi, quand j'ai la fièvre, on me fait des enveloppements froids et on me dit : « Tu n'as pas fini de crier ! »

Je ne sais pas du tout quoi faire. Je pourrais bien sûr chercher des clous rouillés, mais j'en ai déjà beaucoup – un grand carton plein – et je ne suis toujours pas millionnaire. On nous a raconté à l'école l'histoire d'un pauvre petit garçon tremblant de froid qui était parti pour l'Amérique avec des journaux, les pieds nus dans le vent et la neige. Et il était travailleur et ambitieux, il a trouvé un clou rouillé et c'est comme ça qu'il a commencé à devenir millionnaire. Millionnaire, c'est ce qu'il y a de plus riche au monde. Si j'étais millionnaire, je pourrais acheter tous les châtaigniers et donner à manger aux chevreuils au jardin zoologique. Je pourrais aussi acheter le jardin zoologique et entrer dans toutes les cages avec le gardien. Je pourrais aussi acheter tous les adultes qui m'énervent, les mettre sur un bateau et les faire naviguer sur des mers déchaînées pour qu'ils ne puissent plus jamais débarquer nulle part.

Je pourrais aussi aller dans la forêt chercher des amanites tue-mouche, en manger une et voir ce qui se passe. Je sais aussi où pousse de la belladone.

Maintenant tout a de nouveau changé, je suis très excitée. J'ai un vrai soldat adulte, j'en ai même trois. Je les vois tous les jours, on boit de la limonade et mange des rations militaires. Ce sont des biscuits de guerre, ils sont tellement durs qu'ils m'ont déjà fait perdre une dent, mais ça m'est égal. Les soldats sont contents que je sois porteuse de bacilles ; leur seule peur est que je ne le sois pas vraiment. Mais je le suis, je le suis certainement.

J'ai le droit de porter leurs ceinturons et de boire à leurs gourdes, et ils m'ont déjà offert cinq boutons d'uniforme. Ils jouent aux billes avec moi et m'ont fabriqué le plus grand dragon du monde. L'un d'eux vient de la campagne et m'en a rapporté exprès pour moi un saucisson sec.

Tout ça est arrivé parce que j'étais allée chercher des navets à la gare, ce qui est bien sûr interdit. Au début je voulais cueillir un bouquet de fleurs dans les plates-bandes puis rendre visite à la directrice de notre école pour la contaminer un peu avec mes bacilles, de façon à ce qu'on l'en éloigne quand je reviendrai à l'école. Mais j'ai finalement préféré aller chercher des navets. D'habitude, j'y allais avec d'autres enfants et quelques-uns d'entre nous montaient la garde. Cette fois-ci j'étais seule. Avec ces navets, ma mère pourra faire de la purée. Je n'ai évidemment pas le droit d'en prendre à la gare de marchandises, mais quand j'en rapporte ma mère est contente quand même. Je raconte toujours que les navets sont tombés d'un camion et que je les ai ramassés dans la rue. Le meilleur moment pour avoir ces navets, c'est quand il y en a des wagons pleins à la gare de marchandises. Il y en a parfois par terre, mais la plupart sont en haut dans les wagons.

J'ai donc escaladé un wagon, je devais faire attention à mon grand sac et regarder derrière et autour de moi, à cause des gens qui interdisent ce genre de choses. Tout à coup, une voix crie derrière moi : « Tu n'as pas honte, qu'est-ce que tu fais là ? » Bien sûr, j'ai franchi le rebord du wagon sans oser redescendre, j'ai seulement regardé. C'était comme par hasard l'abominable Mme Meiser, avec un visage rose et gras et un grand chapeau de velours brun sur ses cheveux de poussière ; j'espérais qu'elle ne m'ait pas reconnue. Il y avait à ses côtés un monsieur tout fait de rondeurs et de noir. Ils parlaient : « Vous le voyez bien, cette jeunesse livrée à elle-même – pourtant jamais mon petit Traut ne ferait une chose pareille – et les parents sont coupables aussi – génération perdue – monsieur le Conseiller, qu'est-ce que tout ça va devenir ? »

J'ai très bien compris que leurs intentions étaient mauvaises et je me suis calée dans les navets, quand soudain le train a démarré. Et il roulait, roulait. J'étais sauvée et heureuse. C'est si beau quand on roule. Aussitôt le danger est écarté. On n'attend plus du tout, on n'a plus peur non plus. J'ai encore eu le temps de prendre un navet écrasé et de le lancer sur le chapeau de velours de Mme Meiser ; peut-être ai-je aussi touché l'homme tout rond. Je ne pouvais malheureusement plus rien voir.

J'ai pris garde de ne pas tomber et de n'être vue de personne. C'était fantastique, j'avais hâte de tout raconter à Hans Lachs.

Le train s'est finalement arrêté. Je ne pouvais pas rester, il fallait bien que je rentre à la maison. Sinon je n'aurais absolument pas eu peur – mais j'ai peur de ma famille. J'ai vite rempli mon sac de navets et je suis redescendue en le traînant derrière moi. Tout à coup des bras m'ont serrée et soulevée au-dessus des tampons de la locomotive. J'ai alors eu terriblement peur, puis on m'a remise par terre et j'ai crié car je ne voulais pas aller en prison. La prison est une chose terrible, on y attrape des poux, Elise le sait bien. Ma mère sera encore désespérée et se prendra la tête entre les mains. J'en ai déjà eu une fois. À cause de Christine Moosbach, j'étais assise en classe à côté d'elle, elle sait faire des grimaces merveilleuses, ils habitent à plusieurs dans une cuisine et boivent à même la cafetière, pas dans des tasses, et c'est même une enfant illégitime, elle me l'a dit elle-même. Ça veut dire qu'elle n'a pas de père. Parfois j'aimerais bien être illégitime moi aussi, et je suis souvent contente quand mon père part en voyage. La mère de Christine est gentille, petite comme une souris blanche et légère comme une fée. Malheureusement, elle ne pouvait plus payer pour que Christine aille à l'école, c'est pourquoi elle a dû partir, et aussi à cause des poux. Mais je continue à aller jouer avec elle après l'école. Nous trouvons toujours plein de choses, sa mère doit s'absenter presque toute la journée pour son travail, elle est femme de chambre dans un hôtel. Christine n'est en rien orgueilleuse et ne tire aucune gloire du fait d'être une enfant illégitime.

Les autres enfants sont souvent si présomptueux et ridicules alors qu'ils n'ont rien de particulier.

Tout s'est bien passé, car l'homme qui m'avait soulevée au-dessus des tampons de la locomotive et me tenait dans ses bras était un soldat en permission. Il a ri, m'a pris la main et a porté mon sac de navets, mais il ne voulait pas me l'enlever.

« Saloperie de guerre », a-t-il dit, mot que je n'ai pas le droit d'utiliser chez moi. Mais maintenant, avec mes soldats, j'ai le droit de le dire aussi souvent que je veux.

J'ai tout raconté au soldat, les navets, la répugnante Mme Meiser, d'où je venais, que je devais rentrer chez moi et que je ne savais pas du tout où j'étais. J'étais à Frechen et c'était très loin de la maison. Le soldat a réfléchi, nous avons parlé puis à nouveau réfléchi.

Ensuite le soldat est parti, j'ai dû attendre. Quand soudain une véritable auto est arrivée et je suis rentrée à la maison dedans avec le soldat. J'étais si heureuse. Mais ensuite j'ai pensé que j'étais porteuse de bacilles et que le bon soldat attraperait peut-être la scarlatine, alors je lui ai tout raconté à propos de mon petit frère, qu'il était terriblement contagieux et que moi aussi. Le soldat m'a posé des questions, il a réfléchi et encore posé des questions. Son dos s'est redressé et étiré et la curiosité a illuminé ses yeux.

Puis il a lentement dit que rien ne lui plairait tant que d'attraper la scarlatine et que je lui avais peut-être été envoyée par Dieu. Il a dit que j'étais déjà une grande jeune fille et que je ne devais rien dire à personne.

Il m'a expliqué que nous étions déjà en 1918 et que la guerre allait bientôt prendre fin ; qu'il n'avait aucune envie d'être tué au dernier moment ou de perdre les bras, les jambes et les yeux. Il avait des parents âgés et une fiancée en Westphalie qui avaient besoin de lui. S'il attrapait la scarlatine, il ne se ferait pas tuer. Il irait dans un hôpital militaire. Peut-être près de chez nous, où je pourrais continuer à le voir. Et la guerre serait finie avant même qu'il ne soit guéri. Moi qui avais toujours pensé que les soldats ne faisaient que chanter des chansons, enlever de fières forteresses et recevoir des Croix de fer ! C'est ce qu'ils racontent à l'école. En fait, nous ne croyons plus les gens de l'école depuis longtemps, Hans Lachs et moi. Mais c'est quand même étonnant que rien n'ait jamais quoi que ce soit à voir avec ce qu'ils racontent à l'école.

Le soldat a commencé par me déposer à la maison avec le sac de navets. Il était déjà tard mais, Dieu merci, pas trop. Le soldat a dit à ma mère que j'avais trouvé les navets et qu'il m'avait aidée à les porter. Et que la maladie qui frappait la famille lui faisait grand-peine et qu'il reviendrait prendre des nouvelles.

Ma mère était très contente des navets, mais ils l'ennuyaient aussi parce que c'est elle qui devait les préparer, elle était déjà surmenée et a dit : « En définitive tout m'incombe, je le vois bien, mais il ne faut rien gâcher. » Quand je serai grande, je changerai tout, absolument tout. J'aurai mille pièces et je laisserai l'électricité allumée dans toutes les pièces, nuit et jour, et personne n'aura le droit de me dire sans arrêt : « Éteins la lumière, tu as encore oublié d'éteindre la lumière, éteins le couloir. » Quand je serai grande, tout sera toujours lumineux. Je mangerai de la confiture et du pâté de foie sur des tartines de pain que j'aurai auparavant recouvertes de beurre. Et j'irai sur le toit de la maison pour lancer des navets dans toutes les directions quand on m'en apportera et que je n'aurai pas envie de les préparer. Et alors, personne n'aura le droit de me dire : « Il faut faire des économies. »

Le soldat est revenu le lendemain, il a apporté pour mon petit frère une bouteille de bière pleine de lait, il s'est assis dans le salon, s'est rendu utile et ne voulait plus du tout partir. Et il a voulu saluer mon petit frère. Le soldat ravissait et émouvait ma mère et Tante Millie qui n'arrêtaient pas de parler de lui. Elles ne voulaient pourtant à aucun prix le laisser entrer dans la chambre de mon frère à cause de la contagion et Tante Millie disait : « Pour l'amour de Dieu, nous ne pouvons pas abuser de tant d'altruisme, nous n'avons pas le droit de mettre en danger un aussi vaillant défenseur de la patrie, de manquer de conscience à ce point. » Il n'a alors plus eu le droit d'entrer dans l'appartement, sous aucun prétexte, parce qu'elles ne pouvaient pas prendre une telle responsabilité. Hélas, ils ne comprennent rien chez moi, et je n'ai pas le droit de dire quoi que ce soit.

Et maintenant, je retrouve le soldat tous les jours avec deux de ses camarades qui veulent eux aussi attraper la scarlatine. Parfois, nous pensons que mes bacilles ne suffiront peut-être pas pour trois grands soldats, ce qui nous rend tous tristes et personne ne sait ce qui va arriver.

Tout est devenu dangereux à cause de Mme Meiser, des draps de lit et des masques.

Voilà ce qui s'est passé : au début, l'un de mes soldats m'a apporté la chose la plus merveilleuse du monde, des masques horribles et magnifiques. Des masques d'animaux et des masques d'humains. Les masques d'humains sont les plus effrayants, quand on les met tout le monde se fige de peur. J'ai mis les masques devant le grand miroir dans la chambre à coucher de mes parents. Ils ont de petits trous par lesquels on peut regarder. Devant le miroir, ce n'étaient plus mes yeux. Je n'ai pas pu m'empêcher de rire et de danser, puis je n'y suis plus arrivée, je me suis agenouillée devant le miroir et je me suis implorée moi-même de ne pas me faire de mal. J'avais le visage d'un vieil homme méchant avec une barbe blanche et des joues rouges et méchantes, aussi méchantes que le plus méchant des géants, et c'était ce masque qui me regardait, j'avais si peur que je ne pouvais plus bouger. Je n'ai pas pleuré, parce que le miroir ne s'est pas mis à pleurer. Je voulais aussi que le miroir enlève mon terrible masque et j'ai attendu en espérant que quelqu'un vienne et me gronde, mais je voulais aussi que personne ne vienne, personne, personne. Je me suis jetée à plat ventre sur le parquet, je me suis tellement aplatie qu'aucun miroir ne pouvait plus m'atteindre et j'ai arraché de toutes mes forces le masque de caoutchouc de mes cheveux, et je l'ai tenu dans ma main. Mais je voudrais ne plus jamais me voir dans un miroir. Je me suis précipitée dans ma chambre. J'étais bien contente des masques, évidemment, je voulais les montrer aux autres, sauter et leur faire peur, mais plus jamais seule avec moi-même.

Ensuite, j'ai pris le drap pour l'apporter à mes soldats. Il appartenait à mon petit frère, et ma famille a dit que le plus dangereux c'était la literie, quand le malade commence à perdre sa peau. Et ils se sont toujours empressés de mettre les taies d'oreiller et les draps de lit dans le petit tonneau brun du jardin. C'est là que j'ai pris un drap, tout à fait secrètement, pour l'apporter à mes soldats, parce qu'il contient plus de bacilles que moi et qu'ainsi ils attraperont peut-être la scarlatine. J'avais peur qu'ils ne me fassent plus confiance et qu'ils ne croient plus que j'étais vraiment porteuse de bacilles.

Je suis partie le soir avec le drap sous le bras pour l'apporter à mes soldats, mais Hans Lachs a déboulé au coin de la rue ; il a dit qu'il m'avait guettée, qu'il en avait assez de l'école et se moquait bien de la scarlatine, qu'il avait un nouvel album avec des images publicitaires tout à fait intéressantes et que nous pourrions échanger certaines séries qu'il avait en double. Les soldats sont bien sûr merveilleux et grands, adultes et héroïques, et je suis fière quand ils jouent avec moi. Mais je préférais quand même jouer de nouveau avec des enfants.

Hans Lachs m'a parlé de Mme Meiser, maintenant elle a une seringue à eau avec laquelle elle arrose les enfants depuis son balcon. Et Hans Lachs a vu mon drap de lit et a dit qu'on pourrait en faire quelque chose. Je n'ai rien laissé filtrer au sujet des soldats et j'étais d'accord, il y avait quelque chose à faire avec ce drap. J'ai parlé de mes masques et il était enthousiaste. Je suis allée les chercher et pendant ce temps, Hans Lachs a sifflé Otto Weber ; ils sont eux aussi allés chercher des draps de lit. Puis nous avons mis les masques, nous nous sommes entourés des draps et glissés via le jardin sur le balcon donnant sur la cour de Mme Meiser, et nous avons poussé des « hohoho » et des « houhouhou » bien creux et effrayants. C'est moi qui suis allée le plus loin, j'avais sur le visage une tête d'âne qui glissait sans arrêt, je ne voyais rien, je criais sans cesse et très fort « houhouhou », de plus en plus fort.

Soudain quelque chose m'assaille et saisit mon drap, je me mets à courir, me retourne, Mme Meiser a pris mon drap, que faire ? Je suis bien obligée de le lui laisser, les autres sont loin depuis longtemps déjà, je les retrouve au carrefour. Nous avons encore tous nos masques, Hans Lachs, Otto Weber et moi. Hans Lachs dit que Mme Meiser ne peut pas m'avoir reconnue.

Je ne sais ce que tout ça va devenir. Le lendemain j'ai pris une taie d'oreiller de mon frère et je l'ai apportée à mes soldats. Ils étaient très contents et m'ont dit que si ça n'était pas efficace, rien ne le serait. Ensuite, ils ont eu peur que j'attrape la scarlatine à cause d'eux, ils ont dit qu'ils ne le voulaient surtout pas et qu'ils ne pouvaient pas prendre cette responsabilité. Ils sont partis avec la taie d'oreiller. Ils m'écriront s'ils attrapent la scarlatine et ne m'oublieront jamais. Quand la guerre sera finie, ils viendront me voir. Et ils ont dit qu'ils m'aimaient beaucoup plus que le général Ludendorff et l'impératrice. J'aime les soldats et je veux les aider, mais j'aime plus ma mère et les enfants, les enfants avec lesquels je peux vraiment jouer, je les aime encore plus.

Mon petit frère est de nouveau en parfaite santé. Je suis moi aussi restée en forme jusqu'à présent et tout le monde s'en étonne. Alors qu'ils ne savent rien. Le docteur Bohnenschmidt dit que ses mesures très énergiques y ont sans doute contribué. Chez moi ils se réjouissent tous et disent que je mérite une récompense parce que je me suis montrée exemplaire et obéissante pendant cette période difficile et que je ne les ai jamais importunés. Ils vont m'emmener à Königswinter et me faire monter sur le mont Drachenfels sur un vrai âne. Ils disent aussi que, Dieu merci, dorénavant ils pourront s'occuper de moi davantage. Ils sont pourtant toujours inquiets parce qu'il manque un drap de lit, ce qu'ils ne parviennent pas à s'expliquer, et aussi une taie d'oreiller. Je ne dis rien. Ça vaut toujours mieux.

Hans Lachs et moi avons un plan pour reprendre le drap à Mme Meiser quand elle l'aura lavé et mis à sécher. À ce moment-là on le récupérera forcément.

Elle attrapera sans doute la scarlatine, car les bacilles ne rateraient pas une femme comme elle.

Je peux enfin approcher ma mère, de très près. Un jour je lui raconterai peut-être tout. Mais je préfère quand même attendre d'être sur le Drachenfels avec l'âne.

J'ai peur

S'ils se figurent qu'un enfant n'a jamais aucun souci, c'est qu'ils sont vraiment idiots. Les gens disent toujours : Ah ! cette enfance insouciante que nous ne connaîtrons plus jamais ! Mais un enfant a certainement encore bien plus de soucis qu'un adulte.

J'ai une peur abominable et je ne peux en parler à personne, pas même à ma mère, elle me trouverait bête. Mon père possède un livre avec une image représentant de vieilles femmes horribles comme des sorcières, elles ont de longs doigts et vivent sous terre. Tout le monde dit que les sorcières n'existent pas et je le sais bien moi aussi. Mais la nuit je rêve que le sol s'entrouvre tout à coup alors que je suis en train de courir ; les sorcières m'agrippent par les pieds et me tirent vers le bas, et le sol se referme au-dessus de ma tête.

Le matin je n'ai plus peur, et je n'ai pas peur non plus quand je suis avec d'autres enfants. Mais le soir, quand je suis seule, je touche les enclos des maisons pour avoir quelque chose à quoi me raccrocher au cas où les sorcières voudraient me tirer par les jambes. Parfois il n'y a pas de clôture, rien, et c'est terrible, je cours, je cours aussi vite que je le peux. Et quand le sol est pavé, je ne dois jamais poser le pied sur la ligne qui sépare les pavés, seulement au milieu. Nous chantons aussi une chanson méchante quand nous jouons et que je ne peux pas supporter :

Quand la cuisinière noire est là, la-la-la,
Je dois faire un premier tour,
Tout autour,
Et au deuxième tour,
Je perds la tête, et au troisième tour...

Je n'aime pas cette chanson avec la cuisinière noire, mais je ne le dis à personne.

Le soir, je veux qu'Elise ou ma mère soient toujours près de moi quand je me déshabille, mais elles trouvent que je les embête et que je suis assez grande, et je ne peux rien leur dire. Quand je me déshabille, je me retiens d'une main à mon lit et quand je dois aller dans la salle de bains, je marche toujours de manière à avoir quelque chose à quoi me retenir, et je suis obligée de sauter devant la porte de la salle de bains. Je ne me lave qu'avec une seule main, de l'autre je me tiens au lavabo.

Quand il fait noir dans ma chambre, il y a partout des têtes de sorcières, je n'arrive pas à dormir, mon cœur bat. Je mets mes bras sous la couverture – il y a peut-être un sorcier sous mon lit, qui me coupera le bras avec sa hache s'il pend au-dehors.

Je ne peux pas m'empêcher d'avoir toujours peur et si ma mère est à nouveau convoquée à l'école à cause de mon insolence, tout virera à la catastrophe. Quand ma mère a été convoquée à l'école et que je reviens à la maison à midi, ils sont tous assis avec des visages lourds et immobiles, me regardent en silence et secouent la tête. Ses affaires rendent mon père nerveux, sa main joue du tambour sur la table, il va bientôt se mettre à crier : il a été honnête toute sa vie durant, et travailleur, et ma mère aussi, et sa fille est paresseuse, dévergondée, insolente, désobéissante et sur la voie du vice. La dernière fois ça a été épouvantable, et à chaque fois que ça recommence, c'est encore plus épouvantable.

Dimanche, Hans Lachs m'a donné un petit livre qui s'appelait *La Tête sanglante du noble seigneur*. Je l'avais caché dans mes cahiers de devoirs, mon père l'a trouvé et de rage il m'a tapé sur la tête. Il a dit qu'un livre comme celui-là était mauvais et pervers, il ne faut pas lire des histoires sanguinolentes, je dois aller à l'église.

J'ai tremblé et crié. Le chef sanglant du noble seigneur n'a qu'une blessure à la tête, un vaillant homme d'armes est à ses côtés et le cache aux Sarrasins, une Turque le couvre du flot ondulant de ses cheveux noirs. Ils sont parfumés et tout s'arrange. Mon père m'a offert les *Contes* de Grimm pour Noël et les choses s'y passent bien plus mal. Une sorcière y baigne un matin dans son sang, dans son lit, et le sang se répand dans l'escalier parce que c'est un mauvais sort. Et je devais lire ça, mon père le voulait. J'aime beaucoup lire des contes mais ils me font peur. Je n'ai pas si peur du sang, mais dans le conte *Volétrouvé* il y a une sorcière tout à fait inquiétante qui traite sans cesse sur un ton moqueur et méchant de « nigauds » les enfants fugueurs quand elle les rattrape, et j'ai peur de ce mot comme d'une chauve-souris.

C'est à l'église que le sang est le plus abominable. À l'église il n'est pas question de le lire, mais de le voir. Les saints sont tout ensanglantés, c'est épouvantable. Je ne peux pas m'empêcher de penser à saint Sébastien, toutes ses flèches entrent dans mes bras et partout, et je prie, je prie et je presse mes bras pour en faire sortir toutes les flèches. Il m'arrive aussi parfois de vouloir être une martyre, alors je sauverai tous les hommes et mes parents seront obligés de me pardonner et de pleurer.

Il y a un grand tableau au-dessus de mon lit, il n'est pas sanglant, il est très beau et s'appelle *Notre-Seigneur Jésus-Christ sur la mer* *. Le seigneur Jésus marche doucement, d'un pas ondulant, sur une grande quantité d'eau dont il tire saint Pierre pour qu'il ne se noie pas. Sa robe est merveilleuse, c'est une bénédiction. En réalité les costumes des hommes ne sont ni beaux ni agréables. Si les gens se promenaient sur cette terre avec des vêtements aussi doux, ils ne seraient certainement pas méchants et insolents, mais bons et secourables comme des anges gardiens et aussi tous bien plus beaux. Simplement, je n'arrive pas à m'imaginer vraiment mon père et M. Kleinerz aller travailler dans des robes comme celles-là. Peut-être qu'alors ils n'iraient plus travailler, ils ne feraient plus que se promener tranquillement, rêveurs, dans les clairières de la forêt municipale. Et bien entendu, mon père ne me gronderait plus jamais. J'aime mon père et M. Kleinerz, mais on ne peut pas dire qu'ils présentent bien. Ils n'ont plus beaucoup de cheveux, ce qui irait bien avec les robes. Peut-être que je préfère qu'ils restent comme ils sont.

Je prie tous les soirs le Seigneur Jésus qu'il fasse en sorte que tout se passe bien pour moi, que je

* En français dans le texte.

passe dans la classe supérieure, qu'ils n'apprennent rien chez moi et que ma mère ne soit pas convoquée à l'école. Il m'a déjà souvent aidée et je lui fais des sacrifices, c'est ce qu'il faut faire. Une fois je suis restée assise en pleine nuit, une heure entière, avec seulement ma chemise de nuit, dans le froid devant la fenêtre ouverte, en gardant mes yeux ouverts avec les doigts pour ne pas m'endormir. Mes doigts et mes pieds s'engourdissaient, mes dents claquaient, tant il faisait froid. Dans le ciel il y avait des nuages avec des visages de sorcières, dans la pièce il y a eu une respiration et un craquement, une cloche a sonné dans une église : dong, dong, dong... C'était un signe, je pouvais regagner mon lit. Je ne voulais pas mentir à notre Seigneur Jésus – en vérité ce n'est pas une heure entière que je lui ai offerte, mais notre aumônier a dit un jour que le Seigneur ne mesure pas le temps avec des mesures terrestres.

Et maintenant, je dois prier et faire des sacrifices à cause de la terrible histoire du livre de classe. Si ça se sait, je suis perdue. J'ai dû le prendre et l'enterrer dans notre jardin, je n'avais pas d'autre choix.

Voilà la règle : quand on s'est mal comporté avec une institutrice, elle l'inscrit dans son carnet de notes. Quand on l'a fait plusieurs fois ou que c'était particulièrement grave, elle met un blâme dans le livre de classe. Le livre de classe indique aussi quand on est arrivé en retard, qu'on a manqué, etc., et le livre est dans le bureau de la maîtresse. Quand on a trois blâmes dans le livre de classe, ils envoient une lettre à la maison, les parents sont convoqués à l'école et ce n'est pas drôle. J'ai déjà eu six blâmes pendant cette année scolaire – aucun enfant n'en a eu autant –, et ma mère a dû aller deux fois à l'école. Après, j'ai voulu faire des efforts mais j'ai encore eu deux blâmes d'un coup, et si j'en ai encore un troisième, il y aura encore une lettre et ma mère sera encore obligée d'aller à l'école. Et cette fois ils prendront les mesures les plus énergiques, ce sera épouvantable. Je me donne un mal insensé pour être gentille, mais il arrive toujours quelque chose, je ne comprends vraiment pas comment.

Voilà que j'ai eu le troisième blâme, parce que j'ai sifflé pendant la lecture de *L'Héroïsme silencieux d'un enfant*. Mlle Knoll, notre institutrice, était malade. Nous devions avoir allemand, et Mlle Plautz est venue la remplacer. Elle est toute petite et maigre, elle a une grosse tête plate comme une tarte aux prunes quand Elise oublie la levure. D'habitude, elle nous donne les cours de sciences naturelles. Parce qu'elle remplaçait Mlle Knoll, elle a voulu nous faire plaisir et nous lire une histoire merveilleuse : *L'Héroïsme silencieux d'un enfant*. Nous aimons bien qu'on nous fasse la lecture parce qu'ensuite, on ne nous pose pas de questions.

J'étais contente que Mlle Knoll soit malade parce que je n'avais pas terminé mes devoirs. C'est difficile de mentir à Mlle Knoll, elle a des yeux perçants qu'elle fixe sur vous et une fois, elle a même dit qu'elle allait sonder mon âme. Un jour je lui ai raconté que, la veille au soir, je savais encore très bien réciter ma poésie, mais que le matin, un cycliste m'avait renversée sur le chemin de l'école, qu'il m'avait heurtée à la tête et que la peur m'avait tout fait oublier. Elle ne m'a pas crue.

J'ai donc pensé que j'étais sauvée, puisque Mlle Knoll n'était pas là et que Mlle Plautz nous faisait la lecture. D'ailleurs au début j'ai écouté, il y avait un jeune garçon qui sauvait des enfants en les sortant de la glace où ils étaient tombés. J'aimerais bien moi aussi être une héroïne, mais je n'ai jamais la chance que des enfants tombent dans la glace en ma présence. Et si c'est moi qui commence par les y précipiter, je crois que toute l'histoire ne vaudra rien.

Je voulais continuer à écouter, mais je me suis sentie si fatiguée d'un seul coup, la voix de Mlle Plautz était si ennuyeuse, comme s'il pleuvait, pleuvait, pleuvait, que mes yeux se sont fermés. Je pensais à Hans Lachs, au nouveau sifflement que nous avions inventé pour nous comprendre. Les adultes avaient fini par repérer l'ancien sifflement et nous n'en voulions plus. Je ne me souvenais plus du nouveau et je réfléchissais, je réfléchissais en sifflant intérieurement, et soudain j'ai sifflé tout fort. Mlle Plautz a fermé le livre d'un coup sec et j'ai eu une immense frayeur. Mlle Plautz croit toujours que nous, les enfants, voulons nous moquer d'elle, elle en a terriblement peur et pique de grandes colères.

Elle m'a donné un blâme, j'ai dû aller dans le couloir et je n'ai plus eu le droit d'écouter la lecture, ce qui n'était d'ailleurs pas si grave. Je me suis enfermée dans les toilettes pour ne pas être vue de la directrice et interrogée ; par ailleurs, où d'autre un enfant pourrait-il réfléchir en paix ? Personne ne regarde les blâmes dans le livre de classe, sauf la maîtresse de notre classe, Mlle Knoll. C'est aussi elle qui écrit les lettres. Donc si je prenais le livre de classe, Mlle Knoll ne trouverait pas le blâme. J'ai sorti le livre du bureau en cachette, à midi, personne n'a rien vu, et je l'ai enterré dans le coin le plus éloigné de notre jardin, à côté de la tombe d'une grive morte. J'aurais bien aimé creuser du côté de la grive morte et regarder ce qu'elle était devenue, mais je n'ai pas osé. La terre est parfois terrible.

L'affaire du livre de classe fait grand bruit, c'est pire que pour une alerte signalant un bombardement ou une victoire. Ils me soupçonnent. J'ai dû regarder Mlle Knoll droit dans les yeux : je l'ai fait. J'ai dû lui tendre la main : je l'ai fait. J'ai dû tout lui avouer tranquillement : je ne l'ai pas fait.

Rien n'aurait filtré si je n'avais rien dit à Alma Kubus, mais maintenant j'ai une peur bleue. M. Lebrecht, le voisin d'en face, a crié un jour sur sa femme : « Les femmes ne peuvent donc pas tenir leur maudite langue ! »

Alma Kubus est dans ma classe, elle est pâle et gentille avec de petites tresses brunes. On l'a fait asseoir à côté de moi parce qu'elle est très sage et que je ne pourrai pas l'entraîner à faire des bêtises. Avant, c'est mon amie Elli Puckbaum qui était à côté de moi, et les cours n'étaient pas si ennuyeux, de loin, nous nous amusions bien toutes les deux. J'ai été très triste quand on m'a séparée d'Elli pour la mettre très loin, sur un autre banc. Bien sûr je peux encore la voir, mais ce n'est plus comme avant, quand je pouvais lui chuchoter à chaque minute quelque chose d'important. Sans Elli, ma place m'était devenue tout à fait étrangère, ce n'était plus un endroit où je pouvais vivre. Nous connaissions toutes les deux la signification de toutes les taches d'encre sur nos pupitres, tous les graffitis, les signes et les lettres qui y sont gravés. On ne peut absolument pas expliquer ça à quelqu'un d'étranger. Lorsque mes parents ont autrefois emménagé avec moi dans un nouvel appartement, le changement a été moins brutal, moins grand que dans ma classe avec un nouvel enfant.

Je ne me sens toujours pas très bien à côté d'Alma Kubus. J'ai commencé par élaborer un langage chiffré pour communiquer avec Elli, mais c'est devenu difficile à la longue, à cause de l'éloignement. Alma Kubus ne parlait pas avec moi pendant les cours qui sont toujours tellement longs que c'est intenable. Il a donc fallu que j'essaie de m'habituer à elle, et elle m'opposait toujours un visage parfaitement impassible, comme si elle avait été en cire, parce qu'on lui avait dit qu'on lui faisait une grande preuve de confiance et qu'elle ne succomberait pas à mon influence pervertissante. J'ai quand même fini par obtenir qu'elle joue à la bataille avec moi pendant le cours de religion avec des cartes minuscules, moitié plus petites que le couvercle d'une boîte d'allumettes, c'est l'oncle Halmdach qui me les a offertes.

Alma fait toujours ses devoirs, elle me laisse parfois copier mais pas souvent. J'aimerais qu'elle m'aime bien et rie avec moi comme Elli, mais ça ne prend pas. Au mieux elle fait parfois ce que je veux, mais sans le vouloir elle-même.

Je ne fréquenterais jamais Alma Kubus en dehors de l'école, mais elle a la danse de Saint-Guy. Je ne l'ai encore jamais vue en transe, mais elle l'a. Elle me l'a dit, sa mère aussi. Hans Lachs a dit que c'était la danse des derviches hurleurs, des mangeurs d'hommes et des Indiens qui brandissent la hache de guerre. J'ai demandé à Alma Kubus de me faire un jour la danse de Saint-Guy. Mais elle m'a dit qu'elle ne pouvait pas – que ça venait tout seul, d'un coup. Maintenant, je suis partout Alma Kubus et j'attends que la danse de Saint-Guy vienne. J'aimerais tellement la voir et m'instruire.

Ma mère est contente que je sois attirée par une enfant aussi sage qui possède en outre la plus jolie écriture de la classe. J'ai toujours le droit d'aller chez Alma Kubus pour faire mes devoirs, mais je n'aime pas tellement ça. Mme Kubus n'arrête pas de pleurer parce que son mari est parti en Amérique il y a cinq ans et qu'il ne lui écrit plus. À moi aussi ça me fait de la peine, parce que j'aimerais bien avoir les timbres. Elle pense que la guerre empêche les lettres de traverser l'océan, mais Elise dit qu'il n'écrit pas parce qu'il ne veut pas revenir, qu'il mange du corned-beef et de la viande de bœuf saignante alors que Mme Kubus est terriblement végétarienne, elle me l'a dit, Alma aussi est terriblement végétarienne. Dès la naissance ils ne veulent plus manger que des plantes, par amour des animaux et pour dominer les instincts. Mme Kubus me donne parfois un morceau de côtelette de carottes quand je vais lui chercher du charbon à la cave, ça n'a pas bon goût mais ça rend noble et bon. Comme les steaks de navet.

J'ai déjà dû manger une impressionnante quantité de navets puisque nous sommes toujours en guerre, mais à la maison ils ne me trouvent pas du tout bonne. Les navets ont certes rendu Alma très gentille, mais elle est sûrement perfide et raconte mes secrets à sa mère qui les répand ensuite partout. Elle parle et parle sans arrêt, sans arrêt, comme si elle était très pressée – dans la rue, dans une boutique, avec la couturière – et elle finit avec Alma et moi, elle parle. Même les enfants qui travaillent, elle ne les laisse pas en paix.

Elle est grande, plate et sombre comme le couloir de son appartement et dit que les hommes qui mangent de la viande sont tous brutaux et vulgaires, qu'ils n'ont rien dans la tête à part verser quelque chose dans la bière des jeunes filles à des fins diaboliques, que quand nous serons plus grandes nous ne devrons faire confiance à aucun homme, ils verseront sûrement quelque chose dans notre bière, à savoir du schnaps, ce qui est la pire cochonnerie. Un soir, quand Elise est venue me chercher chez les Kubus, je lui ai posé la question. Elle a dit qu'elle avait vu Mme Kubus et qu'elle mettrait sa main à couper qu'aucun homme n'avait jamais rien versé dans sa bière, que ce serait dommage pour le schnaps. Que Mme Kubus était une sorte d'épinard en branche et qu'elle avait sûrement aussi la danse de Saint-Guy. Mon Dieu, si seulement elles dansaient, à la fin !

J'ai raconté à Alma l'affaire du livre de classe, je ne voulais pas le faire, ma bouche a parlé d'elle-même. Maintenant, on peut à tout instant sonner à la maison, Mme Kubus peut venir voir mes parents ou Mlle Knoll d'une minute à l'autre, je suis si malheureuse.

Peut-être la guerre me sauvera-t-elle, c'est déjà arrivé quelques fois. À cause de la guerre, nous avons eu des vacances dues à la grippe et d'autres au manque de charbon. Une fois j'ai failli mourir de la grippe, ils m'ont tous beaucoup aimée et n'ont donc rien dit quand j'ai pris l'aigle pêcheur dans la salle de dessin pour le mettre dans le lit de Tante Millie. La grippe et ces vacances m'ont sauvée.

Cette fois encore la guerre m'a aidée, en se terminant. Les conditions de l'armistice sont partout, dans des milliers de numéros spéciaux des journaux. Les adultes sont excités, heureux et malheureux. Tous les soldats, tous, rentrent à Cologne. Nous sommes allés chercher des branches de sapin dans la forêt, mon père m'a donné de l'argent pour acheter une quantité invraisemblable de papiers de soie de toutes les couleurs, dont nous faisons des rosettes avec du fil de fer, que nous accrochons aux branches de sapin et donnons aux soldats qui passent. On dresse aussi des stands dans les rues avec des marmites de soupe fumante. Mme Meiser et Mlle Löwenich veulent participer à la distribution de soupe. Mlle Löwenich dit qu'elle a envie de pleurer parce que nous avons perdu la guerre. Mais quand il y a une guerre, il faut bien que l'un des deux finisse par perdre – l'essentiel est que tout soit fini, que personne ne soit plus tué, que tout change pour le mieux, c'est aussi l'avis de M. Kleinerz. Il y a aussi des chevaux qui passent, peut-être qu'un soldat me laissera monter dessus.

Alma a tout raconté à sa mère au sujet du livre de classe et sa mère a voulu voir la mienne – c'est moi qui lui ai ouvert la porte, je lui ai aussitôt dit que ma mère était partie en voyage, que mon père et Tante Millie étaient en forêt pour tirer des chevreuils, parce que Mme Kubus évite toujours les gens qui mangent des rôtis. J'ai quand même eu peur, j'ai pensé que c'était la fin et j'ai emballé ma chemise de nuit avec ma chaîne et ma rose en argent. Je voulais les offrir à Mme Schweinwald pour qu'elle me prenne chez elle les prochains jours. Les Schweinwald ont une quantité innombrable d'enfants, personne ne le remarquerait s'il y en avait un de plus. Ils habitent assez loin, M. Schweinwald est veilleur de nuit, il dort le jour et travaille le reste du temps dans son petit jardin parce que c'est là qu'est sa vie. Je voulais écrire un mot à ma mère, pour lui dire que je reviendrais peut-être plus tard, quand j'aurai gagné beaucoup d'argent, et que je l'aimerai toujours. Je n'aurais jamais pu rester à la maison si l'affaire du livre de classe avait été divulguée. Ils m'auraient peut-être envoyée dans un foyer pour enfants difficiles – je préférerais ne pas attendre qu'un pareil danger se présente.

Puis est arrivée la paix, avec les tirages spéciaux des journaux qui ont commencé par dire que cette paix ne serait pas acceptée. Je ne sais pas pourquoi, mais en ce moment il arrive sans cesse des choses aux adultes et ils n'ont plus une minute pour se préoccuper des enfants. Mme Kubus a interdit à Alma de me fréquenter et, le lendemain, Alma a eu une crise de danse de Saint-Guy. Sûrement par pure méchanceté, parce que je ne pouvais pas la voir.

Mais j'ai autre chose à penser en ce moment. Nous sommes dispensés d'école à cause des événements, de l'agitation et du danger et le livre de classe est une affaire classée. Même Mme Kubus n'y pense plus. Elle pense que, puisqu'il n'y a plus de guerre, son mari qui mange son bœuf saignant lui écrira d'Amérique, l'aimera, voudra revenir auprès d'elle et la laissera le rendre plus noble. Moi, je ne crois pas qu'il veuille voir la danse de Saint-Guy de Mme Kubus ; en Amérique, il voit danser de vrais Indiens. Qu'est-ce qu'il viendrait chercher auprès d'une Mme Kubus perfide et bavarde avec ses côtelettes de carottes, alors qu'il a du vrai corned-beef et de vrais Indiens sauvages qui dansent fièrement des danses guerrières ?

Les gens élégants et le crottin de cheval

Letta Mitterdank n'a pas le droit de me fréquenter à cause du crottin de cheval et j'ai presque ruiné les affaires de mon père. Comme il est commerçant, il faut qu'il fasse des affaires. M. Mitterdank est très riche. Nous sommes riches aussi, mais pas très.

Les Mitterdank sont venus exprès à Cologne à cause de notre usine. Ils y ont des intérêts.

Tante Millie a dit que mon père ne ferme pas l'œil de la nuit tellement il a de soucis, mais elle ne peut rien en savoir puisqu'elle ne le voit pas la nuit. Mais ma mère le dit aussi, et elle a ajouté que, si les Mitterdank viennent, il faudra que je me conduise convenablement. Mon père a parfois un visage tout gris et on a l'impression que des araignées ont tissé leurs toiles sur ses yeux. Je lui ai fabriqué un portefeuille avec un très beau papier brillant rouge feu et j'ai collé dessus des petits cochons porte-bonheur pour le faire rire et l'amuser. Mais il ne l'utilisera que quand nous aurons à nouveau de l'argent.

Quand nous sommes à table et qu'on sonne, ils se mettent tous à gémir, parce que c'est M. Hornschuh qui arrive, la tête chauve comme un œuf, avec de grands papiers jaunes. Il est très gentil, hausse les épaules et dit que ça lui fait de la peine à lui aussi, puis il colle des étiquettes sur nos meubles. Elise dit qu'elle connaît ça, que ce n'est plus une honte aujourd'hui, c'est à cause des impôts. Elle le sait de son gendarme.

Plus tard on emportera peut-être nos meubles, mais pas les lits. Je serai contente si le grand buffet s'en va, je pourrai jouer à la toupie dans la salle de séjour. Et s'ils emportent le piano, je n'aurai plus à travailler ces études idiotes que je déteste.

On n'emmène pas les gens, seulement les meubles, mais ça ne fait rien. Ma mère a dit à Tante Millie que ça lui était égal, qu'elle pouvait vivre modestement, l'essentiel étant que la famille soit en bonne santé et reste unie.

Tante Millie dit qu'elle n'ose plus sortir dans la rue parce que les gens la montrent du doigt. C'est absolument faux. Il n'y a qu'Otto Weber qui lui fasse parfois une grimace, ce pour quoi je lui donne trois pfennigs. Comme nous devons maintenant faire des économies, il le fait gratuitement.

J'ai aussi réfléchi à ce que nous ferons si nous n'avons plus de table ni de chaises. Dans ce cas je ferai un feu de camp dans le jardin, nous nous assiérons tous autour par terre – ma mère pourra prendre un coussin –, nous fumerons le calumet de la paix et mangerons en silence, comme les nobles Mohicans. Comme c'est moi qui suis le plus au courant, je serai le chef, si mon père le permet. Ce sera merveilleux et Hans Lachs dit qu'il est jaloux de moi.

Mais comme maintenant les Mitterdank sont arrivés, on ne nous enlèvera finalement peut-être pas nos meubles. Il y avait une terrible excitation à la maison, ils n'arrêtaient pas de parler des Mitterdank. Ils veulent construire une maison dans la même banlieue que nous, juste à la lisière de la forêt, là où il y a une vieille ferme et où commencent les champs de blé. Il y a aussi de vieux forts où il est sévèrement interdit d'entrer parce qu'ils représentent un danger de mort. Un jour, j'ai attrapé dans les forts une petite chouette avec Hans Lachs et Otto Weber. Elle m'a piqué le doigt, du sang a coulé, puis M. Kleinerz en a fait don au jardin zoologique et m'a offert un grand sachet de bonbons fourrés au nougat. J'aurais préféré la chouette. Je l'aurais élevée pour qu'elle devienne gigantesque, ses yeux auraient brillé la nuit, et je l'aurais faite voler dans la chambre de Tante Millie. Elle aurait cru que c'était le diable qui volait au-dessus de son lit et elle serait partie. Maintenant, ces Mitterdank se construisent une maison près des forts.

La veille de l'arrivée des Mitterdank, ma mère et Tante Millie sont allées en ville avec moi et m'ont acheté chez Peters une robe en tissu floconneux et brodé, bleu clair, des chaussures blanches et un chapeau blanc en batiste. Alors qu'elles disent toujours que les vêtements les plus vilains sont encore trop bons pour moi, parce que je les abîme tous. Les autres enfants de ma classe sont presque tous bien mieux habillés que moi, mais ça m'est égal. Je préfère ma blouse de marin avec la taille tenue par un élastique parce que je peux y fourrer et cacher tout ce que je trouve : des pommes, des pots de confiture, des livres... Parfois je suis grosse comme un omnibus.

Elles m'ont brossé les cheveux, habillée, ma mère a tapoté mes joues pour qu'elles paraissent rouges et pimpantes. Ensuite, nous sommes allées en voiture à l'hôtel de la Cathédrale, parce que les Mitterdank nous avaient invités à déjeuner. Un homme qui faisait penser à un capitaine nous a fait entrer par une porte tournante qui ressemblait à une toupie. Nous avons marché sur de longs tapis rouges, comme dans un château. Je connais beaucoup de châteaux, parce que nous en visitons parfois pendant les vacances d'été. Mais cet hôtel de la Cathédrale est un château et en même temps un restaurant. Je connais aussi des restaurants parce que parfois, le dimanche, ma mère n'a pas envie de faire la cuisine, mais ce sont alors seulement des restaurants, pas des châteaux.

Ma mère me tenait par la main, tous les murs de l'hôtel de la Cathédrale étaient en presse-papier – mon père en a un comme ça –, c'est-à-dire en marbre. Ma mère avait son merveilleux corsage en soie rose, mon père le lui avait offert pour son anniversaire, et ma mère avait dit : « Mais, Victor, tu me gâtes comme une princesse. » La mère de Traut n'a pas un aussi beau corsage, et d'ailleurs ma mère est bien plus belle que Mme Meiser.

Et nous avons marché sur les tapis, plus loin et encore plus loin, ce n'était pas une rue mais il y avait sur les murs de véritables vitrines avec des chaussures d'argent, des colliers d'or et des broches de diamant. Mon père marchait tranquillement, il ne parlait pas avec nous et il était grand, blanc et noir. J'avais bien trop peur pour l'appeler Papa – il était presque aussi sévère et distingué que le maître d'hôtel du Gildehof quand il apporte à ma mère et à Tante Millie une omelette aux champignons et qu'il leur dit : « Vous permettez… » J'étais si excitée que ma mère est retournée aux toilettes avec moi par mesure de précaution – il y avait des boîtes et des peignes en argent et, partout, de grands miroirs. Et le sol était si lisse qu'on aurait pu y faire du patin, mais on ne m'en a pas laissé le temps.

Nous étions assis à une table, les tapis étaient doux, comme la lumière, les tapisseries, les pas des serveurs et des clients. De gros ventres d'hommes reposaient calmement dans des fauteuils et ne se préoccupaient de personne. Tout était silencieux. Seule la nappe d'un blanc éclatant faisait du bruit, l'éclat de nos assiettes et des serviettes dont les serveurs entouraient les bouteilles.

« Vous permettez que je compose le menu », a dit M. Mitterdank à ma mère et à Tante Millie, qui le lui ont accordé. J'ai dû faire plusieurs révérences et m'asseoir à côté de l'enfant des Mitterdank, du nom de Letta, qui entame comme moi sa troisième année d'école. Elle portait une robe en soie écossaise et avait un visage blanc avec un menton gigantesque. Les adultes nous ont dit de devenir amies, mais ça n'a pas marché parce que Letta ne parlait pas. Je pensais déjà qu'elle était muette, quand elle s'est mise à crier : « Mamaaan, je voudrais du fromage de brie, du briiiiiieeee ! »

On a alors apporté sur la table quelque chose pour les adultes, je n'en ai tout simplement pas cru mes yeux, c'étaient des escargots. De vrais escargots dans leurs maisons d'escargots. Pas des jolis comme ceux qui se promènent dans le saule de notre jardin avec leurs petites coquilles brillantes décorées d'anneaux, mais de gros escargots brun clair, j'en ai vu dans la vallée du Rhin, ils s'y collent aux pieds de vigne. Il s'est alors passé quelque chose d'épouvantable : M. Mitterdank, parfaitement rond, a pris avec ses mains roses et lisses une petite pince en argent et s'en est servi pour sortir les escargots de leurs maisons. Mme Mitterdank en a fait autant. Mon père aussi. Tante Millie et ma mère ont regardé comment les autres s'y prenaient et les ont imités. Mais on n'a pas le droit de faire ça, on n'a pas le droit. Ni ma mère, ni moi n'avons jamais écrasé une jolie coquille d'escargot. Et ma mère a toujours dit qu'il fallait être gentil avec ces gentilles bêtes peureuses. Nous nous asseyions dans le jardin, ma mère et moi, et j'avais parfois le droit de poser un escargot sur une feuille que nous avions cueillie et de charmer l'escargot en chantant avec ma mère :

> « Limaçon, çon, çon,
> Sors de ta maison, son, son,
> Montre tes antennes, tennes, tennes,
> elles en valent la peine, peine, peine. »

Il fallait chanter tout doucement et plusieurs fois. Alors, le petit escargot sortait de sa maison et rampait tout confiant sur la feuille : on n'avait en aucun cas le droit de le prendre.

À l'hôtel de la Cathédrale, ils ont sorti les escargots de leurs maisons, et j'ai crié à M. Mitterdank, sans pouvoir empêcher les larmes de me monter aux yeux : « Et si on vous en faisait autant ? » Ils ne m'ont pas écoutée, ils ont mis les escargots pour de bon dans leur bouche et les ont avalés. Ma mère l'a fait aussi, alors j'ai crié de plus en plus fort et j'ai dit qu'ils devaient chanter une chanson aux escargots et que, s'ils sortaient de leurs maisons, il fallait les laisser vivre. Mais les adultes, mon Dieu, sont perfides et méchants. Ils n'arrêtent pas de dire aux enfants et aux animaux : viens, viens, viens, je ne te ferai rien. Et quand on est bête et qu'on sort, ils vous font quelque chose à tous les coups.

Ma mère avait le premier escargot dans la bouche quand j'ai chanté la chanson de l'escargot. Le rouge lui est alors monté au visage, elle a mis son mouchoir devant sa bouche et s'est précipitée aux toilettes. Mais même si elle crache l'escargot dans la cuvette, il ne reviendra pas à la vie.

Ils m'ont tous regardée d'un air furieux, surtout mon père. Je connais son visage quand il a envie de me gifler ou de crier et j'aurais bien aimé partir. J'avais d'ailleurs rendez-vous dans le petit jardin des Schweinwald pour le record mondial du crottin.

M. Schweinwald est veilleur de nuit et, quand il ne dort pas dans la journée, il boit de la bière sous sa tonnelle et il est très gentil. Hans Lachs, Otto Weber et moi sommes souvent dans son jardin avec les enfants Schweinwald et il nous autorise parfois à boire une gorgée de bière. Ça n'a pas aussi bon goût que le sirop de framboise, mais nous buvons à la bouteille, comme les hommes qui construisent des maisons et des routes. Et puis, il y a un chien qui est arrivé un jour chez M. Schweinwald, c'est une boule noire tout ébouriffée avec des yeux furieux. Il aboie comme un fou et il mord, tout le monde a peur de lui. M. Schweinwald l'a appelé Maria, parce que c'est le prénom de sa femme et qu'il voulait l'agacer, puisque rien de ce qu'il entreprend contre elle ne fonctionne. Ce chien est une fille. Tout le monde en a peur, mais quand on est son maître, il ne vous mord pas, il ne mord que les autres. Nous voulions tous avoir le chien et être son maître. Je sais d'ailleurs déjà qui je lui ferais mordre. M. Schweinwald dit qu'il s'agit d'un animal exceptionnellement ardent et que celui qui battra le record dans le ramassage du crottin de cheval recevra en prix l'ardente et mordante Maria. Nous avons déjà souvent ramassé dans la rue du crottin de cheval pour en faire de l'engrais pour toutes les plates-bandes de légumes de M. Schweinwald. Et maintenant, on va donner à chacun de nous un grand seau et celui qui sera le premier à le ramener trois fois plein aura le prix.

Nous devions tous partir du jardin de M. Schweinwald à trois heures de l'après-midi. C'est pourquoi je ne pouvais pas rester à l'hôtel de la Cathédrale. Je devais partir, je voulais gagner, je voulais l'ardente Maria. Et je ne voulais pas non plus rester auprès d'adultes qui mangent des escargots. M. Mitterdank en a mangé douze et sa femme aussi. Des cochons ! Hans Lachs a dit lui aussi qu'en tant qu'enfant, on devrait pouvoir interdire à ses parents de fréquenter des gens comme ça. Parole d'honneur, c'est vrai que les parents vous interdisent d'avoir des mauvaises fréquentations et qu'ils en ont eux-mêmes de bien pires. Nous ne jouons à coup sûr qu'avec des enfants qui ne divulguent jamais de méchants racontars, et les autres, on leur tape dessus quand ils s'accrochent.

Et puis, les adultes ont toujours besoin d'énormément d'argent. En tant qu'enfant, on aurait bien sûr parfois besoin d'argent pour les balançoires, le manège, les bonbons. Mais on ne nous en donne presque jamais et nous jouons quand même et nous nous amusons bien. En revanche, dès que les adultes veulent s'amuser un tout petit peu, ça coûte tout de suite énormément d'argent. Quand ils boivent du vin, le soir, et qu'ils fument, ça coûte énormément d'argent, le café qu'ils boivent en petits groupes coûte énormément d'argent, quand ils sortent, ça coûte énormément d'argent et à l'hôtel de la Cathédrale, ça coûte sûrement aussi énormément d'argent. La femme du professeur Lachs a dit récemment à ma mère : « Nous ne pouvons plus rien nous offrir de gentil, pas le moindre petit plaisir, ça coûte trop cher. » C'est donc à cause de l'argent qu'ils sont sans cesse obligés de fréquenter des gens détestables. Hans Lachs dit que, parfois, ils lui font de la peine. Est-ce que nous aussi, nous serons comme ça un jour ?

Ça ne me plairait pas du tout que cette Mme Mitterdank devienne l'amie de ma mère, parce qu'elle n'aime pas ma mère et qu'elle n'aime rien du tout. Elle est extrêmement maigre avec des cheveux rouge renard, un visage tout mince, un nez dangereux comme la poignée d'un rabot et une bouche mince avec du rouge à lèvres. Avec des yeux délavés trop fins pour elle, trop morts et avec lesquels elle ne peut vraiment regarder personne. Quelqu'un comme ça ne peut être la vraie mère d'un enfant, parce qu'une mère doit toujours être une sorte de coussin, surtout devant. Sinon, on ne pourrait pas bien placer sa tête, quand on a parfois envie de pleurer sur l'épaule de sa mère, de raconter un secret avant Noël ou autre. Il n'y a qu'à quelqu'un qui est une sorte de coussin que l'on peut dire des secrets, je ne le ferais jamais avec une mère qui ressemblerait à du bois sec. Parce que, chez une mère comme ça, il n'y a aucune cachette possible. Je ne voudrais quand même pas non plus que ma mère soit aussi grosse que Mme Meiser, comme une énorme mappemonde. Ma mère doit être comme est ma mère.

Les Mitterdank nous ont certes offert ce repas à l'hôtel de la Cathédrale, mais ils n'avaient à coup sûr pas de bonnes intentions à notre égard. Ma mère et Tante Millie n'ont pas cessé de parler avec Mme Mitterdank, de pièces de théâtre à Cologne et d'une machine à laver très pratique, et du fait que les hommes étaient tous pareils partout, à y bien réfléchir. Et que plus tard, Letta pourrait aller à l'école avec moi et jouer l'été dans notre jardin, pour qu'elle ait enfin des joues rouges et des jambes brunes. Mme Mitterdank a remué un peu les lèvres et elle a eu l'air fatigué. M. Mitterdank parlait à mon père d'une voix humide et étouffée.

J'ai dit simplement qu'il fallait que je me dépêche d'aller au cours de travail manuel. Ils étaient tous contents d'être débarrassés de moi.

J'ai vite couru encore une fois jusqu'à la fontaine du petit lutin, que j'aime tant regarder. « La femme du tailleur était curieuse... » Cette femme idiote et méchante a tout gâché avec les petits lutins en leur semant des pois ; ils sont tombés et on ne les a plus jamais revus, alors qu'avant ils faisaient en cachette tout le travail pour le tailleur. Cette femme ressemble à Mme Mitterdank. J'ai bien souvent souhaité que des lutins viennent pendant la nuit, qu'ils fassent mes devoirs et mon travail manuel. Je déteste ces travaux. Pour Noël, je dois toujours broder des napperons pour toute la famille pour leur prouver mon amour, je n'arrive jamais au bout et ils sont un peu vexés. Je préférerais réciter vingt poèmes, rassembler pour eux toutes les espèces animales et aller chercher en cachette en bravant bien des dangers des branches de sapin et des arbres de Noël tout entiers dans la forêt. Il n'y a que la soie perlée que j'aime bien acheter pour les travaux manuels, parce qu'elle est si douce, les couleurs vives si jolies que ça me rend toute contente. Mais, dès que je commence à broder, plus rien n'est joli.

Je suis montée dans le tramway qui mène à notre banlieue et, tout de suite en m'asseyant, j'ai pris le visage tranquille de quelqu'un qui a payé. Comme si j'avais depuis longtemps un billet. Le contrôleur n'a rien remarqué et je pourrai très bien utiliser l'argent du billet économisé.

Je suis passée à travers les rues étroites de la ville, toutes grises, devant les vitrines avec des vêtements et des corsages colorés. On donne toujours à ma pauvre mère des vêtements quand c'est le jour de la distribution, plus jamais des jouets. D'ailleurs, elle n'en veut plus. Parfois, je me dis vraiment qu'en ce monde il n'y a pas de joies pour les adultes. Quand je serai adulte, aucun jouet ne me fera plus plaisir et je n'aurai plus envie de patins à roulettes, de toupies, de cerceaux, de poupées, ni de rien. Comment vivrai-je alors, quand rien ne me fera plus plaisir ? Parfois, j'ai envie de pleurer parce que je vais devenir une adulte, et parfois j'aimerais que ça arrive tout de suite. Mais quand je pense qu'alors, on ne m'offrira plus à Noël que des cadeaux utiles, comme des vêtements, des mouchoirs et des savons parfumés, je suis triste et toute sorte de joie me quitte.

Le conducteur fait marcher sa sonnette, je regarde par la fenêtre : c'est bientôt Pâques, les boutiques sont pleines d'œufs de toutes les couleurs et de lièvres, petits et grands, avec des nœuds de soie. Au total, j'ai à la maison treize poupées de toutes les tailles et dix-neuf animaux en tissu. Je les garderai et les aimerai aussi longtemps que je vivrai.

Des Anglais montent, c'est l'occupation. Les Anglais ont des oranges et du Custard Powder, ils parlent tous anglais comme s'il n'y avait pas d'autre langue, nous les enfants l'avons aussi déjà apprise. Je connais même trois jurons que je n'ai pas le droit de dire et la chanson *Little Tom Tucker* et *To Bed, To Bed says Sleepy-Head*... Les Anglais sentent l'uniforme, les cigarettes et les chevaux. Mon nez distingue immédiatement un Anglais parmi d'autres personnes, je n'ai même pas besoin de regarder.

Les Anglais ne sont plus nos ennemis, nous avons la paix et aussi du beurre, de la viande, des œufs de Pâques en massepain et des lièvres en chocolat. On n'a pas à avoir pitié des lièvres en chocolat, mais à cause d'eux on se salit et on a des ennuis. Dimanche dernier, l'oncle Halmdach m'a offert un lièvre en chocolat très mignon, une vraie petite bête avec de joyeuses oreilles. Je ne voulais pas lui manger la tête, ni les pieds ni la queue, parce que c'était une bonne petite bête. Alors je l'ai porté partout avec moi et il s'est mis à ressembler à un cochon, parce que tout le chocolat avait coulé. J'ai léché mes mains et ma blouse de marin, mais ce n'était pas bon parce que je ne pouvais pas m'empêcher de penser à tous les ennuis que j'allais avoir et au lièvre de Pâques qui avait fondu – j'aurais dû lui manger la tête tout de suite, puisque rien ne dure. Mais je préfère toujours le chocolat sous forme de tablettes ou d'œufs. Le chocolat ne doit pas être quelque chose que j'aime. Le chocolat doit être quelque chose que je veux manger, rien d'autre. Je ne crois naturellement plus depuis bien longtemps au lièvre de Pâques, mais je l'aime quand même. Mon père l'aime aussi, mais à Noël il fait tirer pour son compte des petits lièvres, leur ventre est comme de l'ouate blanche. M. Gumpertz tire les lièvres dans la région de l'Eifel, mon père les paie, ma mère les pique de lardons, Elise leur crève les yeux. Ils mangent les lièvres, je les mange aussi, mon petit frère ne les mange pas encore. Ils mangent les escargots, ils mangent toujours tout et disent aux enfants qu'il faut chanter des chansons aux escargots et aimer les lièvres de Pâques. Je ne sais vraiment pas pourquoi ils ne mangent pas en priorité les hommes gros et méchants qu'ils ne peuvent pas supporter, qui ne sont pas mignons et n'ont rien de particulier.

On ne peut absolument plus croire à rien. Notre maîtresse a dit après l'armistice que nous devions craindre les Anglais, qu'il fallait n'avoir aucune considération pour eux, parce qu'ils étaient liés à la perfide Albion. Qu'il fallait conserver notre dignité et ne plus jouer dans la rue. Ils pensaient certainement que l'ennemi allait nous tirer dessus dans la rue ou nous voler. Et encore une fois, évidemment, rien de tout ça n'était vrai. Aucun Anglais n'a intérêt à voler des enfants, ils en ont eux-mêmes. Ils vont jusqu'à en offrir. J'ai moi-même entendu Elise raconter à Tante Millie que Marie Heuser, celle du concierge, a eu un enfant d'un sergent anglais.

Elise est toujours parfaitement au courant de ce qui se passe chez les voisins. Cette Marie est grande et grosse avec des boucles formées artistiquement et des joues rouges comme des coquelicots. Il lui arrive en ce moment de pleurer, parce que certaines personnes sont dégoûtantes avec elle au prétexte que, par fierté, on ne doit rien se laisser offrir par les Anglais, rien accepter. Et pourtant, ils sont tous bien contents quand ils reçoivent quelque chose.

Les Anglais ont une cantine dans notre buanderie, il y a sans arrêt des centaines d'enfants, on ne peut pas les compter. Ils mangent du vrai pain blanc avec de la confiture et de la soupe avec de vrais morceaux de viande – Mme Meiser dit que c'est de la vraie nourriture de temps de paix. Et toutes les mères font comme si elles ne savaient pas que ce sont les Anglais qui donnent cette soupe. D'ailleurs, c'était la même chose avec le charbon et les navets que nous allions chercher en cachette à la gare de marchandises.

Nous avons en garnison dans notre appartement un Écossais, il s'appelle Mac et quelque chose d'autre. Je suis très amie avec lui. Il n'est pas encore terriblement vieux, mais il a quand même déjà une vingtaine d'années. Il a une petite sœur à Oldham, ce qui est loin. Lui non plus n'aime pas les adultes et il m'a offert cent petites armes de villes écossaises brodées sur de la soie qu'on lui donne en plus de ses cigarettes. Je les couds pour en faire une couverture pour tente.

Quand Mac est arrivé chez nous, j'ai d'abord eu peur, nous n'avions pas le droit de parler avec un soldat étranger et je ne voulais le faire à aucun prix. Mais un jour, j'ai regardé dans sa chambre pendant qu'il était à la caserne. Le plancher était entièrement couvert d'oranges et de Custard Powder. Il y en avait un tas incroyable par terre, dans un coin. Mon père a cueilli une fois des oranges à la main, donc ça existe, mais je n'arrivais pas à y croire. Il ne faut pas se laisser offrir quoi que ce soit, donc j'ai tout simplement pris trois oranges et une boîte de Custard Powder – je ne savais pas ce que c'était. Hans Lachs pensait qu'on pouvait en faire du pudding, mais il n'en savait pas plus.

Nous avons voulu faire du pudding dans la cuisine des Lachs à un moment où il n'y avait personne à la maison, mais nous sommes seulement tous devenus collants comme dans un char d'assaut, et toute la cuisine aussi est devenue collante. Hans Lachs a voulu dire à sa mère que du plâtre avait dû tomber du plafond. Ce qui était quand même possible. Et la mère de Hans croit tout, de toute manière, parce qu'elle dit que Hans est son enfant et qu'un enfant à elle ne saurait mentir. Hans a bien de la chance avec sa mère, il le dit lui-même. Dans ce domaine mes parents sont bien différents, ils ne me croient jamais, encore moins quand je dis la vérité. C'est souvent si comique et ça va si loin que je bégaie, que je pense tout de travers, que je ne sais plus comment les choses se sont vraiment passées, alors on me regarde avec des yeux sévères qui me transpercent. Parfois, je dis simplement : oui, c'est moi qui l'ai fait, simplement pour qu'ils arrêtent de me regarder avec ces yeux-là, de me questionner et parce qu'à cet instant, je ne sais plus moi-même si je l'ai fait ou pas. Une fois, j'ai apporté dans la forêt toutes les petites perles décoratives que contenait ma boîte pour jouer à la marchande parce que je voulais les répartir dans différents nids d'oiseau. Comme je n'ai pas trouvé de nids, je les ai éparpillées parmi les feuilles. Je trouvais les perles si petites, rouges, argentées, de toutes les couleurs, je pensais qu'elles pourraient plaire aux oiseaux, qu'elles leur iraient bien. Je ne peux pas dire ces choses-là aux autres, ça me gêne et je ne sais même pas pourquoi. Mes parents m'ont demandé où étaient les perles et je leur ai dit que je les avais jetées sur les feuilles dans la forêt. Ma mère s'est mise à me poser des questions et a voulu me faire avouer que je les avais mangées. Mais j'ai continué à dire la vérité. Ensuite, mon père m'a parlé très sérieusement, disant qu'il fallait que j'avoue, à la fin. Alors, je n'ai plus rien dit du tout. Ensuite, ils m'ont parlé tous les deux, j'ai pleuré et j'ai dit que j'avais mangé les perles. Et ils ont dit qu'ils finissaient toujours par savoir la vérité. Alors que c'était un mensonge. Ils me croient plus quand je fais un vrai mensonge, parce que j'ai bien réfléchi à tous les détails avant et que je peux mieux raconter. Pourquoi, en fait, ne doit-on pas mentir ? J'ai posé une fois la question, mais je ne recommencerai jamais, parce qu'ils étaient tout horrifiés. Ils ont répondu : « Parce que c'est mal. » Certes, mais pourquoi est-ce mal ? Pourquoi n'a-t-on pas le droit de mentir ? Ils ne donnent pas de réponse, mais ils mentent eux-mêmes.

Hans Lachs et moi avons ensuite voulu nous construire, dans notre caverne de la forêt, un sol en béton et j'ai pris trois doses de poudre à pudding cimenté. Après, je n'ai pas réussi à dormir de la nuit, parce que j'avais peur d'avoir à comparaître devant un tribunal militaire pour vol de nourriture militaire. J'aurais alors immédiatement été fusillée.

Mac est venu le lendemain, on a parlé, il voulait que je mange toutes les oranges, que j'en mange autant que je voulais, alors qu'elles ne lui appartenaient pas vraiment. J'avais le droit de manger des millions d'oranges ; en échange, je devais devenir professeur et donner des leçons d'allemand à Mac. Je n'avais plus jamais de temps pour faire mes devoirs, parce que je devais donner des cours. Maintenant, il sait par cœur en allemand la première strophe de « Mon beau sapin, roi des forêts ». Mais il ne comprend pas encore très bien le sens et croit que c'est le nom d'Elise. Il lui a pris en effet la main dans la cuisine et lui a dit : « Mon beau sapin. » Je lui apprends en ce moment le poème *Herr Heinrich sitzt am Vogelherd*. Je ne sais pas ce que c'est qu'une aire d'oiseleur, et ceux à qui je l'ai demandé ne le savent pas non plus. Le seigneur Heinrich est un roi, c'est ce qu'on comprend à la fin. On n'a pas besoin de toujours tout savoir, il suffit de réciter le poème.

J'ai mangé des oranges du matin au soir et j'en ai emporté quelques-unes dans mon lit. Ça a abîmé mon estomac. Je ne pouvais plus rien manger d'autre, puisque j'étais obligée de manger sans arrêt des oranges. J'ai reçu il y a longtemps une merveilleuse carte postale de mon père, qu'il m'a écrite d'Amérique, je ne savais pas encore lire. Sur la carte postale, une locomotive traverse des tas d'arbres qui portent des oranges. Quand je serai grande, j'irai là-bas et j'emmènerai ma mère. Debout sur le marchepied de la locomotive, je cueillerai en permanence des oranges pour ma mère, tandis que la locomotive roulera à une vitesse folle. Ma mère pleurera parce que ce sera très dangereux de rester sur le marchepied d'une locomotive roulant à toute allure, et mon père m'admirera et, de peur, il me criera : « Descends ! », parce que je risquerai de tomber. Peut-être deviendrai-je aussi somnambule, c'est quelque chose de très particulier.

Toutes les oranges, toutes, sont des petites lunes. Nous chantons toujours à l'école : « Bonne lune, tu vas si lentement... » Bien des petites lunes sont allées dans mon ventre. Mais Tante Millie dit que mes maux d'estomac sont dus au fait que je lis toujours en cachette le soir dans mon lit.

Je pensais à tout ça en allant en tramway de l'hôtel de la Cathédrale jusque chez les Schweinwald pour gagner l'ardente Maria. Je suis arrivée juste à temps, j'ai donné mon chapeau de baptiste à garder à M. Schweinwald, Mme Schweinwald m'a mis rapidement un tablier à elle, il était trop long, je suis tombée trois fois.

Il faut connaître les endroits où il y a du crottin, il n'y a plus beaucoup de chevaux, mais partout des voitures, et elles ne donnent pas d'engrais. Je me suis précipitée à la vieille ferme, Hans Lachs aussi. Hans Lachs s'est précipité à la brasserie, moi aussi. Nous guettions le derrière des chevaux et nous avons eu deux seaux d'avance sur Otto Weber et Alois Schweinwald. Rien n'était encore décidé entre Hans et moi et nous sommes repartis en courant. Nous nous battions l'un contre l'autre pour gagner l'ardente Maria et, quand on se bat, on ne s'aime pas et on ne ressent plus d'amitié. J'ai couru à la vieille ferme et ça m'agaçait que Hans soit à nouveau derrière moi, d'autant plus que, cette fois, il pouvait bien se chercher lui-même un autre endroit. Comme je connaissais bien un ouvrier de la vieille ferme, il m'avait promis en cachette de mettre pour moi un tas de crottin devant la porte. Il l'avait fait et j'ai été la première à voir le tas. Mais Hans Lachs a crié qu'il l'avait vu le premier et nous nous sommes tous les deux précipités dessus, furieux. On a dit par la suite que nous nous étions jetés dans le crottin comme des petits cochons et non comme des enfants d'hommes. Il n'y a pas un mot de vrai là-dedans. Juste devant le tas, Hans Lachs et moi, nous nous sommes heurtés de tout notre poids et nous sommes tombés dedans. Nous nous sommes immédiatement relevés et avons entendu un cri terrible : Tante Millie se tenait devant nous avec, à côté, mes parents, Letta l'endormie et les Mitterdank. Ils voulaient voir l'endroit où ils construiraient leur maison et c'est nous qu'ils ont vus.

Quand on est au beau milieu d'un combat pour un pari, on ne peut évidemment pas avoir les cheveux bien peignés, ni l'air propre et bien soigné. Mon père aurait préféré faire comme s'il ne me connaissait pas vraiment, comme si je n'étais pas sa fille. Mais les Mitterdank me connaissaient depuis le déjeuner.

Mme Mitterdank a dit : « C'est horrible ! » et a ajouté que Letta ne devait pas trop s'approcher de moi, comme si j'étais le lama cracheur du jardin zoologique. Mon père m'a alors sommée de tout leur expliquer. Je n'ai rien dit, parce qu'on ne peut absolument rien expliquer à quelqu'un qui est furieux, ça le rend encore plus furieux. Hans Lachs était à côté de moi et m'a donné un coup de consolation dans le tibia. J'ai alors entendu un petit bruit perfide derrière moi, je me suis retournée et j'ai vu Alois Schweinwald se servir perfidement avec une pelle dans le seau de Hans et dans le mien pour remplir le sien. Là, je n'ai plus pu me retenir. Alois Schweinwald est parti en courant, tout m'était devenu égal, je me suis précipitée derrière lui, et Hans Lachs aussi.

J'ai perdu de justesse, et uniquement à cause de cette scène idiote avec les adultes. Tout ne s'est pas passé de manière équitable. C'est Hans Lachs qui a gagné l'ardente Maria. Mais il a déjà dû la rendre parce qu'elle a mordu son père à la main quand celui-ci a voulu battre Hans. Quel animal formidable.

Il y a eu pas mal d'agitation le soir à la maison. Hans est venu avec le professeur Lachs, la main bandée à cause de la morsure du chien, l'air grave. M. Kleinerz était là aussi. Mon père était d'un peu meilleure humeur parce que, Dieu merci, je n'avais pas choqué M. Mitterdank, seulement sa femme – peut-être pourra-t-on la faire mordre plus tard.

Ensuite, on a préparé un punch froid pour rafraîchir le professeur Lachs. Ma mère a dit que M. Schweinwald était bien rusé d'utiliser ainsi les enfants pour son compte. Et elle était vexée que je sois toujours plus gentille avec les autres et toujours trop paresseuse pour l'aider dans son jardin. Pour le reste, elle ne trouvait pas tellement grave ce ramassage d'engrais, l'époque empêchait les enfants de devenir des snobs raffinés. M. Kleinerz s'est aussi écrié qu'il était vexé que je n'aie pas pensé à son jardin. Mon père a soupiré et dit qu'il ne croyait pas qu'il y ait en moi de dangereuses dispositions au snobisme – mais que l'époque ne voulait pas non plus que je me conduise comme l'enfant sauvage et abandonnée à elle-même d'une cantinière de la guerre de Trente Ans. J'aurais bien aimé en apprendre plus sur la vie magnifique qu'ont dû avoir ces enfants, mais mon père a seulement dit qu'il ne fallait pas que je me risque à m'approcher du molosse. « Un vrai chien des enfers », a dit le professeur Lachs et ils nous ont tous regardés, Hans et moi. Nous n'aimons jamais qu'on nous regarde, mais nous étions contents qu'il ne se passe rien de plus grave. Nous les aimons et avons promis de prendre de meilleures habitudes et de laisser le professeur Lachs exercer sur nous son action pédagogique.

Il ne bat en effet presque jamais les enfants et agit sur eux essentiellement par la pédagogie en leur lisant le journal, ce qui est à coup sûr bien meilleur et plus pédagogique pour un enfant que toute autre punition.

Le professeur Lachs nous a lu des extraits de chroniques sur des criminels, et que toute la police était aux trousses d'un monte-en-l'air qu'ils étaient sur le point d'arrêter. Ce monte-en-l'air, qui avait toujours eu des mœurs débridées, s'était écarté du droit chemin pour devenir un être malfaisant, criminel. Il jouait avec sa vie, s'élançait au-dessus des toits et aucune maison n'était trop haute pour lui, aucun mur trop lisse ou trop raide. Le professeur Lachs a lu d'une voix d'orage, grave et lourde de mises en garde, et nous regardait. Ils nous regardaient tous en hochant la tête. Nous avons aussi hoché la tête, et ils ont tous soupiré et bu leur punch.

Nous avons découvert une maison isolée dans la forêt, Hans Lachs, Otto Weber et moi. Nous y jouons maintenant tous les jours aux monte-en-l'air : c'est magnifique, nous n'avions pas trouvé d'aussi beau jeu depuis longtemps. Récemment, nous avons grimpé, Otto Weber et moi, le long de la gouttière et sommes presque arrivés au troisième étage ; Hans

Lachs est tombé hier du premier étage par la fenêtre et a bêtement déchiré son pantalon.

J'ai maintenant l'ardente Maria chez nous, à la maison, mais personne n'est encore au courant. Je lui ai installé un endroit pour dormir dans le grenier et je vais lui chercher tous les jours à la ferme des Breuer des os et de quoi manger. Je peux en prendre autant que je veux. À midi, quand tout le monde dort à la maison, je descends Maria et je cours avec elle jusqu'au stade. Elle m'obéit parfaitement, mais ma famille a déjà entendu un chien aboyer et n'arrive pas à se l'expliquer.

Je ne veux plus vivre sans l'ardente Maria et j'ai échafaudé un plan pour qu'on me la laisse. Bientôt, Hans Lachs, Otto Weber et moi escaladerons notre maison dans la nuit et ferons des bruits bizarres aux fenêtres afin qu'ils croient être en présence d'un monte-en-l'air. Ensuite, j'arriverai très tranquillement et je lirai à haute voix un article dans le journal disant que seul un bon chien de garde peut protéger les vies humaines. Tante Millie et ma mère le comprendront tout de suite et convaincront mon père. Ensuite, je présenterai l'ardente Maria comme le sauveur de la famille et je dirai que je l'ai déjà dressée chez les Schweinwald.

Et en effet, je la dresse vraiment pour les cas graves. Je l'emmènerai bientôt avec moi à l'école, j'irai voir la directrice avec et je lui demanderai si je passe dans la classe supérieure. La directrice commencera à me dire que je manque malheureusement de maturité, que ma conduite est déplorable, que je ne m'applique pas... Je donnerai à l'ardente Maria un petit coup, et elle entrera dans une grande rage, hérissera les poils, grondera d'une manière terrible et grincera des dents. « Ma chère, très chère enfant, tu es gentille et appliquée, s'écriera la directrice, ne te fais pas de soucis, bien sûr, tu passeras dans la classe supérieure. » Voilà longtemps que j'aimerais avoir pour ce genre de cas un tigre royal ou un lion, mais l'ardente Maria est capable de gronder de manière encore plus redoutable et inquiétante qu'un lion, et avoir l'air encore bien plus méchante et dangereuse.

Je dissimule la vérité

Il faut qu'elles partent. Tante Betty et Cousine Lina doivent partir. Elise dit elle aussi que ces gens d'Auerbach nous rendent la vie impossible. Quand on pense qu'à Auerbach il n'y a que des gens comme ça, on est bien content de vivre ailleurs.

Ma tante Millie, qui est une sœur de ma mère bien plus âgée et qui vit avec nous, s'est arrangée pour que la tante Betty et la cousine Lina d'Auerbach soient invitées chez nous. C'est ce qui me gâche en ce moment toutes mes vacances de Pentecôte.

Elles disent que ma cousine Lina est une enfant modèle et que je devrais la prendre comme un exemple vertueux. Maintenant, elle dort dans ma chambre, a déjà treize ans et ressemble à la girafe de notre jardin zoologique, très grande et maigre avec des oreilles dont les pavillons disent la ruse, et des yeux marrons qui lui sortent de la tête ; la seule chose qu'elle n'ait pas, c'est une belle fourrure tachetée. Cette girafe me gâche en ce moment la vie par la faute de Tante Millie. Elle passe son temps à broder des coussins pour sa mère, et il faut que j'en fasse autant, parce que je suis généralement si peu affectueuse et parce qu'il faut quand même bien finir par m'élever comme une jeune fille.

À midi, à table, la girafe tourne et retourne ses mains comme des tire-bouchons, regarde les miennes et dit tout haut d'un air effrayé : « Mon Dieu, comment pourrais-je manger en voyant tes doigts sales ? » Il est certain que mes mains sont toujours sales. Les laver ne sert à rien. Ensuite, la girafe regarde mon assiette et j'ai peur à chaque bouchée de manger l'un de ses yeux qui lui serait sorti de la tête, tellement elle me regarde, et serait tombé dans mon assiette.

Je déteste qu'elle passe ainsi son temps à m'observer. Je ne peux absolument pas manger la peau de la viande, ni le gras, ni les petites veines, ni, dans les harengs, la peau brillante. Ça me dégoûte tellement que je m'étouffe quand ça atteint ma bouche. Les adultes disent que je devrais surmonter mon dégoût, que je n'ai pas le droit de gâcher ce que le Bon Dieu nous donne de coûteux, que bien des enfants pauvres seraient très heureux de manger quelque chose d'aussi bon. Et il faut absolument finir son assiette. Alors qu'ils y mettent des choses dont je n'ai aucune envie. Jamais mon père ne viderait complètement son assiette si on lui servait un tas de carottes, il serait fou de colère. Il déteste les carottes et on lui sert toujours du chou quand nous autres mangeons des carottes. Et j'ai un tel dégoût du gras. Je le coupe toujours en cachette et, à la fin, je le glisse sous le couteau et la fourchette, ces derniers temps personne ne s'en est rendu compte.

Voilà que la girafe regarde fixement mon assiette et dit : « Mais tu as caché ce bon gras sous ton couteau et ta fourchette ! » Tante Betty dit alors en soupirant à ma mère : « Ma chère, comme cette petite est gâtée, moi qui suis veuve, je ne peux pas me permettre de gâter mes enfants comme ça, nous n'avons pas de gras à jeter. » Ils m'ont tous regardée et j'ai dû manger le gras. J'ai essayé, je voulais l'avaler, mais je n'ai pu m'empêcher de m'étouffer et d'avoir les larmes aux yeux.

Alors, la girafe a dit : « Maintenant, il faut gentiment manger le reste. » J'ai pris le reste, je l'ai jeté à la tête de la girafe par-dessus la table et j'ai crié que je ne voulais pas gâcher de bon gras, juste ne pas en manger. Et que je ne le mangerais pas non plus si j'étais une pauvre enfant affamée. J'ai crié que la tante Betty n'était pas pauvre du tout, que la vieille Marjenn Lappes l'était, elle qui ramassait les chiffons et fouillait dans toutes les décharges publiques. Elle, elle avait sûrement souvent faim. Mais j'avais vu M. Meiser essayer de lui donner une assiette pleine de coquillages, parce que les Meiser en avaient tellement qu'ils n'étaient plus bons. Marjenn Lappes a secoué la tête et a dit qu'elle ne mangerait jamais une chose pareille, même si M. Meiser lui donnait dix marks. M. Meiser n'a pas compris, parce que les coquillages sont pour lui ce qu'il y a de meilleur au monde. Il a dit que Marjenn Lappes était enrhumée et qu'elle avait beaucoup plus à manger qu'on le croyait.

Ma mère a dit qu'il fallait que je mange pour devenir forte. Je voudrais vraiment être très forte et je m'imagine parfois ce qui se passerait. Je pourrais renverser de gros rochers dans les montagnes, sans plus de difficultés transporter d'une seule main mon père d'une pièce à l'autre, ouvrir les portes de cachots de prisonniers, me battre contre trente enfants dans la rue, parcourir la ville juchée sur des tigres et des lions, arrêter des automobiles jetées à pleine vitesse en me jetant contre elles, mettre la lessiveuse sur le feu sans que ma mère m'aide à la porter. Je fais d'ailleurs quelque chose pour devenir forte. J'ai trouvé dans la table de nuit de Tante Millie des « pilules orientales fortifiantes », j'en mange régulièrement en cachette.

À ce déjeuner, ils ont aussi dit que j'étais une enfant menteuse et mal élevée comme il n'en existait pas d'autre et m'ont fait sortir de la salle à manger avant le dessert. J'ai dû attendre dans la rue. Je suis allée voir Elise dans la cuisine, elle avait un reste de pudding pour moi et nous avons chanté une magnifique chanson à deux voix : « Je chasse le cerf dans la forêt... » C'est la chanson préférée d'un très gentil gendarme. Hans Lachs et moi chantons toujours cette chanson : « Il y a un gendarme, il y a un gendarme qui n'a encore rien fait de toute la journée... » à d'autres policiers qui se prennent au sérieux. Ça agace les gendarmes et nous partons vite en courant. Le gendarme d'Elise s'appelle Erich et Elise sort avec lui. Elle dit qu'il ira demander sa main à ses parents à Grevenbroich dimanche prochain. J'ai demandé si le gendarme ne pouvait pas tout simplement arrêter Tante Betty et la girafe et les renvoyer à Auerbach avec Tante Millie. Elise a dit qu'elle en avait bien envie aussi. Mais ensuite elle a secoué la tête, ce qui a fait voler en tous sens ses petites boucles brunes, et elle a dit qu'il fallait malheureusement pour cela un ordre de service.

Cette vie est dégoûtante. Le soir, je ne peux plus lire en cachette dans mon lit, la girafe veille, et ils m'ont confisqué une merveilleuse histoire d'Indiens, *Le Scalp d'une femme blanche*. C'est Hans Lachs qui me l'avait prêtée, il la tient de Mathias Ziskorn à qui elle n'appartenait pas non plus et je perdrai l'honneur de ma tribu si je ne la rends pas. La girafe lit parfois un livre qui s'appelle *Blonde comtesse, quand ton cœur parle-t-il ?* Je voulais le lui chiper et le donner à Hans Lachs à la place du *Scalp d'une femme blanche* mais ce livre est si bête et ennuyeux, il n'y a dedans ni Indiens, ni mangeurs d'hommes, ni elfes qui dansent au clair de lune, ni animaux sauvages.

Tante Betty a dit qu'Elise était curieuse et paresseuse et Elise a dit que la girafe était une enfant perfide, que Tante Betty était une personne malveillante et qu'elle faisait des remarques méchantes à Tante Millie sur mes parents. Et ma mère a pleuré un jour devant mon père : « Ah, mon cher, je ne supporterai bientôt plus les éternelles piques de Betty. » Mon père a dit que, par nature, les êtres du sexe féminin éprouvaient les uns envers les autres des sentiments d'hostilité et de haine qui ne cessent de transpercer. C'est mon avis aussi, quand je vois toutes les méchancetés qui transpercent sans cesse contre moi chez la répugnante Mme Meiser, chez Mlle Knoll et Mlle Löwenich. Mais chez moi aussi, il y a toujours quelque chose qui transperce contre elles. En revanche, rien ne transperce en moi contre ma mère et Elise, qui sont pourtant elles aussi du sexe féminin.

Elise dit qu'un poids pèse sur toute la maison et que, si ces gens d'Auerbach restent encore dix jours, il arrivera d'une manière ou d'une autre un terrible malheur. Ce terrible malheur s'est déjà annoncé chez Elise par un cauchemar où il y avait des soupières cassées et du pain moisi enveloppé dans une fourrure de martre. Elise a un vrai livre égyptien sur la science des rêves dans lequel on peut tout apprendre.

Je nous ai protégés de cet horrible malheur dans dix jours en faisant en sorte qu'il se produise plus tôt et que les gens d'Auerbach repartent très vite. Voilà comment ça s'est passé.

Ma mère a organisé une petite fête en l'honneur de Tante Betty pour que personne, avec la meilleure volonté du monde, ne puisse lui reprocher quoi que ce soit. Ma mère a dit à Elise : « Nous allons nous donner de la peine et faire de notre mieux, nous ferons des pigeons farcis, tout doit être léger, ma belle-sœur a un estomac fragile. » Elles ont passé des heures en cuisine. Mon père devait rentrer du travail à l'heure exacte, car la préparation du punch froid au Waldmeister est une affaire d'hommes.

Il y avait Tante Betty et Tante Millie, M. Kleinerz et l'oncle Halmdach. C'est un cousin de mon père. Tante Millie ne peut pas le supporter parce qu'il est venu nous voir le jour du mercredi des Cendres et qu'il s'est immédiatement endormi sur notre canapé en soie claire. Avec une casquette de dandy et des bottes sales ! J'en ai eu la chair de poule d'excitation et de joie, parce que je déteste ce canapé où seuls les invités ont le droit de s'asseoir, ce qui n'est même pas bien vu. Dès que je regarde ce canapé, ils se mettent à crier et font comme si je l'avais sali, comme si j'avais abîmé la soie. J'ai emmené une fois Christine Moosbach et quelques autres enfants à la maison, parce que ma mère et Tante Millie étaient allées en ville acheter des corsets pratiques et sains. Une telle tâche demande du temps. Je voulais seulement que cette fois elles ne me rapportent pas d'horreur, comme un corsage en laine qui gratte ou des chaussures particulièrement saines avec lesquelles je ne peux pas courir et dont les enfants se moquent, ou un tablier d'école en toile cirée pratique et saine dont on se moque également, ou encore un corset sain et pratique. Elles disent qu'elles font ces achats par amour, mais tout ce qu'elles achètent de sain et pratique s'avère pour moi une véritable torture. Elles ne savent pas ce que c'est que de devoir aller à l'école avec une casquette en toile cirée et en flanelle pratique et saine, et d'être la seule à en porter alors que les enfants de cette école ne portent rien de bizarre. La pluie m'est indifférente mais pas la casquette, et quand je devais la mettre par mauvais temps, je l'enlevais dès que j'étais sortie de la maison pour la mettre dans mon cartable. À l'arrêt de tram devant la maison, j'avais peur que quelqu'un me voie sans casquette sous la pluie. Et comme le cartable froissait un peu la casquette, elles me reprochaient de ne pas prendre soin de mes affaires si chères, disaient que mon père travaillait dur pour gagner cet argent et qu'elles-mêmes ne s'offraient pas des choses pareilles. J'aurais voulu qu'elles ne m'offrent plus rien. Elles veulent en plus que je sois reconnaissante et contente quand elles me rapportent ces choses.

Pendant que ma mère et Tante Millie étaient donc en ville, j'ai conduit Christine et les autres enfants dans le salon jusqu'au canapé en soie et je les ai tous fait asseoir les uns à côté des autres, parce que j'avais quelque chose en tête. Ils étaient donc assis sur le canapé en soie, pas spécialement heureux, attendant que j'invente un jeu ou un tour de passe-passe, quand Tante Millie est rentrée plus tôt que prévu et s'est figée d'étonnement. Les enfants ne pouvaient rien comprendre puisque je leur avais seulement dit que mon père avait cent canapés, qu'ils devaient s'asseoir précisément sur celui-là, qu'ils pouvaient l'abîmer sans souci et qu'alors je ferais quelque chose de spécial comme me balancer au lustre. J'étais contente que tant d'enfants soient tout à coup assis sur ce canapé idiot et mort. Tante Millie n'a pas partagé mon avis et on m'a par la suite comparée à cet homme effroyable qui avait profané un autel en laissant éclater un rire sardonique, une histoire rapportée dans leur journal paroissial dont ils parlaient régulièrement d'interrompre l'abonnement à cause du prix.

L'oncle Halmdach s'était allongé sur le canapé de soie sans se faire le moindre souci. Et il avait dit qu'il n'avait pas vu de lit depuis le samedi du carnaval et qu'en ce moment, il avait besoin de repos et de vingt marks.

Récemment, il a aussi voulu boire chez nous une bouteille de cognac. Mon père n'était pas là et Tante Millie a dit que nous n'avions malheureusement pas de tire-bouchon. L'oncle Halmdach a tout simplement répondu que ça ne faisait rien, qu'il n'était certes pas capable de grand-chose, mais que la nature lui avait donné le pouvoir d'ouvrir n'importe quelle bouteille avec une lime à ongles. C'est ce qu'il a fait, puis il a dessiné sur une nouvelle nappe blanche Tante Millie sous les traits d'une turbine à vapeur en pleine activité. Tante Millie était furieuse et l'oncle Halmdach a crié que, s'il avait un jour une auto, il mettrait Tante Millie comme mascotte sur le bouchon du radiateur pour faire fuir tous les agents chargés de la circulation, mais qu'il faudrait une auto très robuste, au mieux un tank. D'ailleurs, Tante Millie ne supporte pas qu'on lui dise que c'est une femme de poids, parce que ce terme désigne une femme grande et corpulente qui mange d'un air grave et irrité à la pâtisserie pas moins de cinq gâteaux hollandais à la suite, aux cerises avec de la crème pour maigrir, puisque sur le conseil du médecin, elle n'a pris à midi ni sauce grasse ni potage. Et Tante Millie a dit un jour qu'au fond, elle avait l'âme délicate d'un petit oiseau timide et la nature sensible et caressante du lierre qui s'entortille à l'arbre. C'est pourquoi elle ne peut pas non plus supporter que l'oncle Halmdach lui dise : « Allons, Millie, tu as le derrière d'un cheval de bataille du temps du roi Frédéric. »

J'aime bien l'oncle Halmdach, il dessine des choses drôles pour les journaux et m'a offert un jour un diable dans une boîte.

Après ce repas de cérémonie, ils étaient tous assis dans la salle de séjour, on avait permis à la girafe et moi d'être là et on nous a donné un petit verre à porto rempli de punch froid. Nous avions la permission de rester debout jusqu'à neuf heures, mais longtemps avant cette heure, j'avais déjà entraîné le scandale.

Ils se montraient tous très polis les uns envers les autres, comme s'ils se connaissaient à peine. La lune jaune luisait à travers nos rideaux, ma mère a posé une coupe de violettes sur la table à côté du petit amandier en fleurs que M. Kleinerz lui avait apporté, car elle aime les fleurs d'amandier plus que toutes les autres. Elles lui font penser à sa première robe de bal qui était rose elle aussi, et si joyeuse. Ils trouvent le faux persil mauvais et laid parce que vénéneux. Moi, je trouve le faux persil tout aussi beau que le vrai et il n'est pas mauvais non plus, il ne fait de mal à personne, il n'empoisonne pas les autres faux persils ni les fleurs à côté desquelles il pousse. Simplement, on ne peut pas le manger comme des épinards, mais les gens n'aiment pas non plus être passés au hachoir et mangés comme des épinards.

Quand on donne des pots de fleurs à ma mère, nous commençons toujours par fabriquer des cache-pots en papier dont nous les enveloppons, puis nous plantons les fleurs dans notre jardin. Ma mère dit qu'elles y vivent plus longtemps et qu'elles s'y sentent mieux, mais il arrive aussi qu'elles meurent. Hans Lachs et moi portons parfois les cache-pots en guise de couronnes, quand nous jouons aux rois indiens et que nous gouvernons notre pays.

« Comme l'air du printemps est doux », a dit Tante Millie. « Tu permets, Betty », a dit mon père en remplissant son verre et en s'allumant un cigare. « Je te remercie infiniment, Victor, a dit Tante Betty en se passant la main dans les cheveux, la paix et la gaieté règnent dans ta maison, ta petite femme est une adorable créature, elle me semble seulement un peu dépensière. — Finis ton verre, Betty », a dit mon père. J'étais très en colère, parce que Tante Betty avait dit qu'Elise volait. En effet, ma mère avait déclaré dans la cuisine qu'Elise avait été si travailleuse et docile qu'elle pouvait manger elle aussi du pigeon farci, beaucoup de gâteau et de tout, et prendre aussi quelque chose pour Erich, s'il le fallait. Ensuite, Tante Betty a murmuré sèchement à ma mère dans le vestibule : « Tu deviens un peu trop panier percé, très chère, cette fille en prendra bien assez derrière ton dos. — Pourquoi prendrait-elle derrière mon dos quand elle peut prendre ce qu'elle veut sous mes yeux ? a répondu ma mère, et elle a ajouté : C'est une enfant encore parfaitement innocente, j'espère que je ne lui ai pas gâché son plaisir. Ma fille si mal élevée préfère aussi manger les pommes volées dans le grenier plutôt que celles qu'on lui donne. — Excuse-moi, très chère, tu iras loin avec tes idées originales, a murmuré Tante Betty, le jour où elle te volera une bague en diamants... » Ma mère a ri doucement : « Pourquoi une bague, Betty ? Il n'y en a qu'une, je n'en ai pas plus et pas besoin de plus. »

Tante Betty a bu son verre, m'a pincé fermement la joue sans aucun amour et a dit : « Ta fillette s'est améliorée de manière frappante, mon cher frère, la fréquentation de sa cousine lui a fait du bien. Je devrais faire un sacrifice par amour de la petite et rester ici avec Lina. » J'ai ressenti une angoisse mortelle.

L'oncle Halmdach est arrivé, il voulait un cognac ou un schnaps très fort parce que le punch ne valait rien, les hommes mariés ne savent pas faire convenablement le punch. Mon père a dit à voix basse qu'il irait ensuite volontiers prendre un verre de bière avec l'oncle Halmdach et M. Kleinerz. C'est pourtant ce qui rend parfois l'oncle Halmdach terriblement désespéré, il dit que toutes ces beuveries ne produisent rien de bon, que des bêtises, des tourments moraux, alors qu'on a tant de peine à gagner de l'argent et qu'il ne boira plus jamais une goutte. Et il oublie à nouveau ce qu'il a dit dès qu'il ne se sent plus mal.

Tante Millie a trinqué avec M. Kleinerz et s'est écriée : « Ah, je vais encore être pompette ! — Alors, tu nous diras à tous la vérité, Millie, s'est exclamée Tante Betty, n'est-ce pas, cousin Halmdach, que les enfants et les gens ivres disent la vérité ? C'est bien le dicton populaire ? » L'oncle Halmdach a murmuré à mon père : « La vieille idiote, quand ce pauvre sac de jalousie à deux pattes parle de dicton populaire avec sa voix flûtée, j'ai envie de la soumettre par pure pitié à un traitement psychanalytique et de lui offrir un bouquet de fleurs ; d'ailleurs, il m'est arrivé de mentir admirablement en étant soûl. »

J'ai pensé tout à coup qu'ils ne croient pas un enfant qui leur dit la vérité, qu'ils ne le laissent même pas terminer sa phrase, et j'ai donc voulu leur dire la vérité en faisant la petite fille soûle. Je sais parfaitement comment sont les gens soûls grâce au voisin d'en face, M. Lebrecht, qui s'appelle même de son prénom Pankratius : des noms comme ça, je me les répète parfois, ils ont le goût de gâteaux mystérieux, je les mange et ça me fait avoir ensuite des tas d'idées. Nous avons aussi à Cologne une « chaussée Mauritius » et une « rue Mauritius » et, quand je prends le tramway, j'attends toujours que le contrôleur crie le nom « Mauritius », ça me rend tout heureuse comme un mélange de boucles, de fleurs et de pluie de velours. Pour aller à l'école, il me suffit d'aller jusqu'à la station de l'Opéra, mais je vais parfois une station plus loin, parce que je veux entendre le contrôleur crier « chaussée Mauritius ». Parfois il ne le dit pas, alors je descends et je lis la pancarte avec le nom jusqu'à ce que mes yeux l'entendent.

M. Lebrecht va d'un café à l'autre pour boire du genièvre, il tombe presque à la renverse dans la rue et les enfants lui courent après. Ses jambes vacillent, ses yeux se révulsent, sa femme n'a pas beaucoup d'occasions de rire. Parfois il se tient tout raide, tend un bras, jure, jure, dit des menaces, encore des menaces, il trébuche, tombe et parle. Ses yeux sont aveugles, il ne voit rien mais il sait que les enfants sont là. Il parle au ciel, dans les airs, pas aux enfants. C'est comme le tonnerre, M. Lebrecht est un tonnerre lent. Il dit exactement tout ce qu'il veut dire.

Je savais comment sont les gens soûls et je voulais que Tante Betty reparte avec la girafe. Je suis devenue soûle, j'ai relâché mes membres comme j'ai appris à le faire pendant cet odieux cours d'orthopédie et je suis tombée par terre. Je me suis relevée, j'ai chancelé de droite à gauche, et j'ai désigné la girafe d'un doigt raide en agitant la tête, exactement comme Pankratius Lebrecht.

Ils ont tous sauté sur leurs pieds et m'ont regardée fixement. J'ai dit d'une voix sombre : « Elle est mauvaise, Cousine Lina est mauvaise. Tante Betty est mauvaise aussi. Elle a dit que ma mère gaspillait l'argent, et que mon père avait l'air malheureux avec une femme pareille. Et Tante Betty a dit que ma mère n'aurait pas pu trouver d'autre mari, étant donnée sa lamentable situation financière, sinon elle n'aurait pas épousé un tyran brutal et coléreux comme mon père. Elle a dit tout ça à Tante Millie. Elise l'a entendu et je l'ai entendu moi aussi. Et quand nous avons eu récemment à déjeuner de la soupe aux choux et rien d'autre, Tante Betty a dit qu'on voulait faire semblant d'être pauvres dans la propre maison de son frère. Et avant, elle a dit que ma mère voulait faire la fière avec ses pigeons farcis devant une pauvre veuve, que d'ailleurs elle avait été trompée au moment de l'héritage et qu'un bustier en dentelle laissait voir bien des choses. Et elles ont dit qu'Elise était une voleuse, je vais le raconter à Erich, au gendarme – mais lâchez-moi, lâchez-moi ! – je vais le raconter au gendarme, je vais... » Quand on est soûl, il faut terminer en répétant toujours la même chose.

Ils m'ont encerclée, je suis encore tombée et je n'ai plus dit que : « Lalalala. » « Elle est folle, a crié Tante Betty à mon père, puis : Comme c'est triste ! Et : Victor, il n'y a encore jamais eu de maladies mentales dans notre famille. — Ivre », a gémi Tante Millie, et elle a certainement une peur terrible que je me mette à faire la même chose avec elle. « Absurdement soûle, mon Dieu, la pauvre enfant, s'écriaient-ils. — Vous n'y êtes pas, a dit l'oncle Halmdach, cette enfant n'est pas simplement soûle, elle fait une crise de delirium tremens. C'est grandiose ! — Mais elle n'a pas bu la moindre gorgée dans son verre, a dit tout à coup Tante Millie d'une voix sombre, cette enfant a une nature criminelle, elle fait semblant. —

Elle a pourtant l'air de dire la vérité », a soudain dit M. Kleinerz. Je l'aime beaucoup, il est intelligent et vient toujours à mon secours.

Je pensais que mon père allait me battre, qu'ils allaient tous me battre, mais mon père s'est précipité sur Tante Betty, Tante Betty sur Tante Millie et Tante Millie sur Elise qui apportait un cake. Comme j'étais obligée, en tant que petite fille soûle, de rester allongée par terre, je n'ai malheureusement pas pu avoir ma part de cake.

Les adultes m'avaient complètement oubliée, peut-être auraient-ils pu me tuer par mégarde en me piétinant, mais ma mère et M. Kleinerz m'ont finalement tirée hors de la pièce. Je suis restée complètement muette, parfaitement immobile, je voulais simplement que tout se passe bien et je ne savais déjà plus du tout ce qui devait bien se passer et ce qu'au fond j'avais voulu faire.

Ma mère a pleuré et voulait appeler notre docteur Bohnenschmidt, parce qu'elle pensait que j'étais soûle et malade mentale. Alors j'ai retrouvé toute ma santé et je l'ai embrassée. Elle m'a mise au lit, nous avons dit des prières et Elise est venue. Nous avons chanté : « Je chassais le cerf dans la forêt inexplorée, le chevreuil dans la forêt profonde, l'aigle sur la cime du Horst, le canard sur le lac. » Le passage qui parle de l'aigle est le plus beau, nous avons pleuré toutes les deux et nous chantions aussi fort que des hommes, comme des trompettes sauvages et fumantes.

Ma mère a soudain ressurgi et a dit : « Mais pourquoi chantes-tu donc des chansons aussi cruelles, tu aimes pourtant les animaux, pourquoi veux-tu tout d'un coup les abattre ? » Je n'avais pourtant rien fait du tout, à aucun animal, je voulais simplement chanter à haute voix et j'aime quand même beaucoup l'aigle merveilleux sur la cime du Horst. « Elise, a dit ma mère, ma belle-sœur a reçu un télégramme, elle doit prendre une couchette avec sa fille dans le train de Leipzig. Ma belle-sœur souhaiterait que vous l'aidiez à faire ses bagages, je l'aiderai aussi ; êtes-vous trop fatiguée ? — En ce cas, je vais vous aider de tout mon cœur », a dit Elise avec prévenance et beaucoup de joie.

« Maintenant, dors, mon petit diable, a dit ma mère, mais ne crois pas que j'oublie ta mauvaise éducation. » Puis elle a rassemblé les affaires de la girafe et, Dieu merci, a eu le temps de me donner un baiser de bonne nuit et pour me consoler en général. « Maintenant, dors ! »

J'étais pourtant si énervée que je n'ai pas réussi à m'endormir. Je ne pouvais pas m'empêcher de penser à la girafe qui avait le droit de dormir dans un wagon-lit. C'est un lit qui n'arrête pas de rouler. C'est la chose la plus merveilleuse que je puisse m'imaginer ; il n'y a rien que je souhaite tant que rouler un jour dans mon lit, vite et sans heurts, à travers toutes les rues, par monts et par vaux, par-delà les vallées et les sommets. Ensuite, j'ai rêvé que je m'envolais avec mon lit par la fenêtre, toujours plus haut, plus haut, jusqu'aux nuages. En bas il y avait des maisons, des lumières et des trains avec des lits qui roulaient, la girafe roulait avec eux, mais moi je volais avec mon lit, je volais, volais...

Tante Millie va se marier

Tout le monde le dit, Tante Millie a dépassé l'âge de la maturité. Personne ne tient le coup avec elle et nous ne nous en débarrasserons jamais si elle ne trouve pas de mari. Elise dit que toute femme doit avoir un mari qui lui appartienne vraiment, il faudra aussi que j'en aie un plus tard, il n'y a rien à faire contre ça. Mon père appartient à ma mère, Tante Millie n'a pas grand-chose de lui, même si elle habite chez nous. Et nous autres, les enfants, nous appartenons aussi à notre mère. Tante Millie ne voudrait pas de moi, même en cadeau, et je ne voudrais d'ailleurs pas non plus qu'on me l'offre, mais elle aimerait bien avoir mon petit frère, quand il ne pleure pas et qu'il ne fait pas pipi sur lui. L'appartement appartient aussi à ma mère, Tante Millie ne possède rien du tout. Mais elle me gronde quand je casse quelque chose, elle veut faire mon éducation et me dénonce sans cesse, c'est une torture.

Je ne sais pas ce qu'il en est du mariage. Mon amie Elli Puckbaum dit qu'il faut se déshabiller, se mettre toute nue devant un homme que l'on ne connaît pas. Je ne peux pas le croire, je serais terriblement gênée et Elli Puckbaum préférerait devenir fiancée du Ciel, on n'a pas besoin de se déshabiller, au contraire, on vous habille.

Elise m'a raconté quelque chose d'extrêmement important : le journal de la ville envoie des tas d'hommes à Tante Millie. Personne n'a le droit de le savoir. Tante Millie garde à ce sujet un silence absolu, mais Elise sait tout, tous ces hommes la réjouissent et nous croisons les doigts pour qu'ils nous l'enlèvent. Elle a écrit au journal : « Cordialement bonjour. Dame, la quarantaine d'allure jeune, nature gaie, type Junon, âme chaleureuse et profonde, aimant la nature, brune, petite fortune, introduirait soleil et ferveur dans l'existence solitaire d'un pur idéaliste à la situation assurée. » Elise dit qu'elle trouve mystérieux qu'une ronchonneuse, une querelleuse, puisse se prendre pour une nature gaie, mais peut-être changera-t-elle en compagnie des hommes, peut-être deviendra-t-elle douce et gaie comme un rayon de soleil, tout est possible avec les femmes.

Elise souhaite aussi que Tante Millie quitte la maison parce qu'elle la surveille avec perfidie, l'envoie ici et là ; c'est pourquoi elle lit en cachette les lettres qu'envoient les gens du journal et qu'elle me les raconte, je les raconte à M. Kleinerz qui les raconte à ma mère qui les raconte à mon père. Personne ne croit qu'un homme veuille jamais de Tante Millie, mais toute la maisonnée est follement inquiète et agitée. Tante Millie achète sans cesse des corsages, des nœuds, des cols et des semelles pour corriger les pieds plats.

Tout le monde a remarqué que Tante Millie avait quelque chose d'étrange, puis elle a tout raconté à ma mère, parce qu'un certain M. Lothar Broselius voulait venir chez nous à une heure convenue et convenable, pour faire connaissance avec Tante Millie en chair et en os. Il avait écrit à Tante Millie, c'était un veuf idéal et solitaire, parfaitement valide et aux aspirations profondes. Elise a dû préparer du vrai café sans succédané et on a sorti la bouteille de cognac du buffet, ce qui m'a fait peur.

En effet, ma mère conserve soigneusement la bouteille de cognac et la réserve aux cas particuliers. Il y avait déjà eu un cas particulier à cause de l'oncle Halmdach. Il était venu un jour à la maison, où il n'y avait que moi. Il demande toujours quand il vient nous voir : « Vous n'avez rien de raisonnable à boire ? » Ma mère et Tante Millie ne veulent jamais rien lui donner. Ce jour-là, l'oncle Halmdach m'a promis de m'emmener dans un vrai grand cirque – il a le droit d'aller partout parce qu'il dessine pour les journaux. Et il a dit qu'il me donnerait un ballon de football et ferait peur avec un masque à la cruelle Mlle Löwenich qui habite dans notre rue. Je voulais aussi que l'oncle Halmdach joue avec moi, qu'il ne s'en aille pas et c'est pourquoi je suis allée chercher en cachette la bouteille de cognac dans le buffet de ma mère, elle était déjà ouverte ; il a bu un verre pour goûter et a dit que ce cognac était bien plus vieux que moi. Je ne voulais pas non plus que l'oncle Halmdach boive tout, mais il a tout bu et j'ai eu une belle frayeur. Nous avons ensuite chanté à pleine voix et avec brio : « Quand dans la forêt les aubépines fleurissent, les aubépines fleurissent... » Après, dans mon désespoir, j'ai rempli la bouteille avec du thé froid trouvé dans la cuisine, ça a la même couleur que le cognac, et j'ai remis la bouteille dans le buffet.

Et maintenant on avait posé cette bouteille sur la table pour M. Lothar Broselius, comment cela aurait-il pu bien se passer ? Elles y ont aussi mis des narcisses, Tante Millie a épousseté cent fois tous les meubles. Elise a tout de suite dit : « Comme si un homme regardait à ça ! Il n'y a que les femmes pour faire ces choses détestables. »

Tante Millie portait sa robe de soie bleu sombre, ma mère lui a dit qu'elle lui allait mieux que celle à fleurs. Tante Millie a alors dit que ma mère voulait toujours la vieillir, elle a enlevé la robe bleu sombre et a mis celle à fleurs. Puis elle a enlevé celle à fleurs et remis la robe bleu sombre, et ainsi de suite, sans arrêt. Elle a pleuré, le grand miroir dans la chambre à coucher de mes parents était tout flou tant elle soufflait dessus, ma mère avait les mains qui tremblaient, je devais arrêter de siffler ; on a sonné, elles se sont toutes mises à crier comme des folles et il a fallu qu'Elise repasse encore un col en dentelle et qu'en même temps elle aille ouvrir la porte. J'ai voulu le faire, mais elles ont braillé que je devais rester à l'écart, quoi qu'il arrive, que ma seule présence compromettait tout bonheur naissant.

J'ai donc regardé dans le salon par le trou de serrure de la salle de séjour contiguë. Il fallait quand même que je sache ce qui allait se passer avec le cognac et si nous allions être débarrassés de Tante Millie.

Elise est allée ouvrir, dans le salon ils ont arrêté de crier. Un homme tout rond avec de toutes petites jambes est entré dans le salon, ses pieds commençaient là où finissait son ventre. Il se frottait les mains et a tranquillement regardé le tableau au mur que l'oncle Halmdach a fait de moi autrefois, j'y ressemble à ma mère à l'époque où elle me ressemblait. Je n'aurais pas été étonnée s'il avait rapidement pris un peu de la crème Chantilly qui se trouvait sur la table, mais cet homme rond était parfaitement sage. Ses cheveux étaient gris, bien peignés et son visage, rouge et lisse comme une tomate. Des dents de cerf pendaient sous son gilet, ça m'intéresse toujours, j'aurais bien aimé les voir de près.

Tante Millie est entrée, l'homme rond s'est réveillé, le soleil a brillé dans son visage. Tante Millie portait sa robe à fleurs et tenait d'une main sa poitrine qui est grosse comme une montgolfière. L'homme rouge a soufflé du nez comme une locomotive, Tante Millie avait le visage de la fée dans le conte de Noël qu'on a joué au théâtre de la ville, quand elle penche la tête vers le prince agenouillé et qu'elle veut l'aider.

Ils ont parlé de café et de gâteaux et M. Broselius a dit qu'il était propriétaire d'une boutique d'alimentation de luxe, désormais dans les mains de son gendre. Il a dit que l'apparence extérieure de Tante Millie lui convenait tout à fait. Un homme d'âge rassis préfère, a-t-il dit, les femmes tranquilles et rondes aux agitées. Et il a ajouté qu'assurément Tante Millie aimait la nature autant que lui. Pas ces longues promenades qui vous font transpirer, mais des heures de bien-être sur les terrasses dominant le Rhin avec des concerts en plein air ; c'est en cela qu'il était idéaliste, il connaissait tous les opéras. Feu son épouse avait un faible pour Wagner et était aussi ronde et imposante que Tante Millie. Peut-être pourraient-ils la fois suivante boire un petit punch froid à l'auberge de la forêt.

J'ai très bien entendu tout ça, mais ensuite, Tante Millie a servi à M. Broselius et à elle-même un petit verre de cognac, et j'avais le cœur qui battait. Pourtant, tout s'est bien passé. Tante Millie ne buvait pas vraiment et M. Broselius n'a bu qu'une seule gorgée, il a sursauté, n'a pas dit un mot et a laissé ce qui restait. Ensuite, tout le monde a dit que la sobriété de cet homme leur avait fait la meilleure impression et la bouteille de cognac a été replacée dans le buffet, car il vaut mieux pour le cognac que la bouteille soit horizontale.

Tout aurait pu se passer de manière merveilleuse avec ce M. Broselius. Nous aurions pu être débarrassés de Tante Millie, mais c'est à ce moment que sont arrivées ces photos de Boris Castor. Elise a été bien entendu immédiatement au courant. Tante Millie a donc reçu une lettre d'un jeune homme d'origine hongroise, pourvu d'un profond sens musical et d'un terrible destin, sans une seule âme pour le comprendre. Tante Millie lui a écrit en retour et il lui a répondu en joignant des photos de lui, il a des boucles noires, le visage très pâle, de gigantesques yeux humides. Tante Millie ne voulait plus du tout d'un Broselius, elle ne voulait plus que ce Boris Castor.

Tante Millie a pleuré et crié à ma mère que M. Broselius était trop rustre et trop vieux pour elle, qu'un autre destin lui était promis auprès d'un être sensible. Et qu'il lui avait écrit que ses lettres respiraient la fraîcheur d'âme d'une jeune fille de dix-huit ans et que c'est à cela qu'il attachait de l'importance. On lui jalousait tous ses bonheurs, criait Tante Millie, et des yeux envieux la guettaient tout alentour. Elle avait l'air d'avoir plusieurs années de moins que ma mère parce qu'elle n'avait pas été usée pendant des années, spirituellement et physiquement, par un mariage. Et récemment elle s'était trouvée devant l'Agrippine-Cinéma, elle pouvait indiquer l'endroit à titre de preuve, à un cheveu près, et un homme avait fait les cent pas devant elle en chantant : « Oh, la jolie fille, la douce fille... » et en lui jetant des regards sur lesquels on ne pouvait se méprendre. Et elle rencontrerait le samedi après-midi M. Boris Castor et nul parent hostile, nulle puissance de la nature ne pourraient la retenir.

Elise avait appris qu'elle devait retrouver Boris Castor au Prinzenhof et elle a dit : « Jamais un beau jeune homme ne prendra Tante Millie. »

Je voulais tellement qu'il la prenne, et Hans Lachs aussi, par amitié et parce que nous avions prêté le serment de la Horde, parce que Tante Millie nous avait dénoncés le lundi quand, au lieu de faire nos devoirs, nous avions joué au football avec les Anglais derrière notre jardin.

C'est pourquoi nous avons, Hans Lachs et moi, élaboré un plan. Hans a dit qu'il fallait donner à Tante Millie un atout supplémentaire, parce qu'elle est vieille, grasse et pas belle du tout, même avec ses nouvelles permanentes. Le seul charme qu'elle pourrait avoir pour Boris Castor serait celui d'une princesse. Les Lachs connaissent une princesse qui n'est pas belle non plus mais qui trouve toujours un nouveau mari à chaque fois qu'elle en perd un. M. Kleinerz a dit lui aussi : « Une princesse exerce toujours une certaine attirance. »

Le samedi après-midi, Hans Lachs et moi sommes allés au Prinzenhof et avons fait le guet. Ils étaient assis à la fenêtre, Tante Millie et l'homme pâle aux yeux humides. Tante Millie semblait passée au court-bouillon, ses cheveux étaient défaits et comme fous. L'homme mangeait un canard rôti tout en parlant et en jetant des regards geignards.

Hans Lachs s'est avancé pour mettre notre plan à exécution. Juste en face de la cabine téléphonique de la Rudolfplatz. Il s'était longuement exercé à dire d'une voix forte, sévère et virile : « La princesse Millie von Kaltweiss est appelée au téléphone, je répète : la princesse Millie von Kaltweiss. » Tante Millie s'appelle en effet Kaltweiss et il était évident qu'elle irait au téléphone, si on l'appelait. Mon père y va toujours quand on l'appelle au téléphone dans un restaurant. Et Boris Castor croirait que Tante Millie était secrètement une princesse et qu'elle ne le lui avait pas dit pour éprouver la véracité de son amour. Elise avait lu en effet dans un roman l'histoire d'une petite princesse du dollar et des hommes qui lui couraient après et n'en voulaient qu'à son argent, la princesse était au bord du désespoir et s'habillait avec des vêtements pauvres et troués, un chauffeur blond la prenait en affectueuse pitié, croyant que c'était une simple petite mendiante, mais il voyait transparaître à travers ses vêtements troués son grand secret et le reconnaissait parce qu'il était lui-même en réalité un duc.

Tante Millie irait bien sûr ensuite dire à Boris Castor qu'elle n'était pas une princesse, mais il penserait quand même qu'elle en était une. Et tout le monde dans le restaurant regarderait Tante Millie quand on l'appellerait et la trouverait belle en princesse fière et sauvage.

Hans Lachs avait l'intention de parler à Tante Millie au téléphone d'une voix déguisée comme celle d'un oracle. Il avait dans ce but appris par cœur un passage d'un livre, *Le Poison des hommes-singes*. On y entend de sombres appels nocturnes mettre en garde le cœur tremblant d'une jeune fille : « Prends garde, prends garde et ne tremble pas, douce et belle jeune fille, le salut approche, le bonheur chevauche une blanche haquenée, mais garde-toi de la douceur du pavot éclatant qui trouble les sens, tiens-toi loin du poison de l'illusion, sous quelque forme qu'il se présente. »

Je me suis faufilée à l'entrée du Prinzenhof et c'était terriblement long. Un serveur a enfin appelé : « Son Excellence la princesse Millie von Kaltweiss », puis l'a répété, et ça a été magnifique. J'ai presque cru moi-même que Tante Millie était une princesse, quand elle a marché noblement vers l'appareil téléphonique. Tout le monde regardait, j'étais tout heureuse, ils allaient bientôt se marier, Tante Millie et Boris Castor.

J'étais justement en train de penser que Hans devait en être à « la douceur du pavot éclatant qui trouble les sens » lorsque Boris Castor, en chapeau et manteau, m'a surprise. « Ma petite », a-t-il dit en courant et en me tenant par la main – mais jamais je ne me laisserai battre par les maris de Tante Millie, je leur donnerai des coups de pied dans les tibias. Il ne voulait pas me battre du tout, il m'a donné trois pièces prises dans la poche de son manteau tout en parlant très vite et en m'entraînant plus loin : « Petite, dis à la grosse dame – elle est à la fenêtre en train de téléphoner, elle boit une tasse de café et porte une robe à fleurs –, tu lui diras que le monsieur s'est senti mal, un accès de malaria ramenée des tropiques, qu'il ne faut pas l'attendre. » Il est parti.

Hans Lachs et moi avons commencé par changer dix pfennigs dans un magasin de cigares. Ensuite, nous avons trouvé un petit enfant très sale derrière la petite boutique de la Rudolfplatz où l'on vend de l'eau de Seltz, nous lui avons donné cinq pfennigs, montré où était assise Tante Millie, et dit de lui répéter que le monsieur avait eu un accès tropical et qu'elle n'avait pas besoin d'attendre.

Nous sommes ensuite allés manger une glace pour récupérer les frais de l'appel téléphonique. Nous ne comprenions plus rien à ce monde : pourquoi était-il parti si vite ? Peut-être allait-il revenir ? Peut-être une princesse représentait-elle trop peu pour lui, peut-être aurions-nous dû faire directement de Tante Millie une reine ?

Je suis revenue à la maison dans la soirée et il y avait une agitation telle que je ne l'aurais pas crue possible. Tante Millie avait elle aussi un accès de quelque chose, pire que l'homme pâle, et tout le monde disait que j'étais derrière tout ça. J'ai commencé par dire que penser ça de moi était de la pure méchanceté. Ensuite, ils m'ont accablée de questions, l'une après l'autre, jusqu'à ce qu'ils sachent tout. Tante Millie a crié que j'avais détruit le bonheur de sa vie ; les nerfs de mon père ont craqué, ma mère ne supportait plus cette vie-là. Et que font les adultes quand ils ne savent plus que faire tant ils sont hors d'eux ? Ils battent un pauvre enfant. M. Kleinerz est venu et a dit que Tante Millie avait toutes les raisons de m'être reconnaissante, mais ça n'a servi à rien. Tante Millie criait que ce Boris Castor était une tendre et noble nature et qu'il s'était effarouché à la pensée qu'elle avait voulu l'escroquer avec vulgarité et malhonnêteté. Ses nerfs avaient souffert sous les tropiques, la déception qu'il avait éprouvée de la découvrir menteuse et le bouleversement qui en avait résulté avaient provoqué cet accès de malaria, « il a même oublié de payer le canard, qui va me dédommager ? — Un joyeux pique-assiette ! » s'est écrié M. Kleinerz, et Tante Millie a crié qu'il était un être grossier. Un homme atteint d'une maladie mortelle, déjà presque dans l'au-delà, pouvait bien oublier un détail matériel ; j'étais coupable de tout.

L'oncle Halmdach est alors arrivé et mon père lui a aussitôt dit : « Tu as encore un coup dans le nez ! » On a à nouveau raconté toute l'histoire à l'oncle Halmdach. Je redoutais qu'il ait oublié l'histoire du cognac et qu'il en demande. Mais, Dieu soit loué, on lui a donné tout de suite un verre de vin de Moselle avec lequel mon père était justement en train de calmer ses nerfs.

Tante Millie absorbait des comprimés et pleurait : jamais elle ne se remettrait d'être passée pour une vantarde devant un homme simple et modeste qui avait d'immenses propriétés en Hongrie et n'y faisait jamais la moindre allusion. Et elle disait que je n'étais pas une enfant, mais le diable en personne.

Alors, l'oncle Halmdach a tapé sur la table pour me consoler. Et il a promis de m'offrir une des jeunes panthères du jardin zoologique dont j'avais tellement envie. Malheureusement, il ne me donne presque jamais rien de tout ce qu'il me promet.

Ensuite, il m'a donné en cachette un conseil dans l'entrée, en adulte et en collaborateur de journaux au courant de tout. Il a dit que l'histoire de la princesse avait vraisemblablement été une erreur. Au lieu de faire venir au téléphone la princesse Millie von Kaltweiss, il faudrait simplement demander la prochaine fois la camarade Kaltweiss.

La camarade Kaltweiss. Je m'en souviendrai. Hans Lachs et moi le ferons si elle rencontre un autre homme. Peut-être arrivera-t-on encore ainsi à tout réparer.

J'ai été une fois une enfant prodige

C'est une quantité immense de fruits confits dans le buffet de ma mère qui a été le premier responsable de toute cette histoire idiote. J'adore en manger, mais ça ne me réussit jamais vraiment. Cette fois-là encore, j'ai dû garder le lit une semaine et m'ennuyer et en plus, je me suis disputée avec Hans Lachs quand il est venu me voir et que nous avons joué à l'oracle de Delphes. En effet, quand j'appuie mes mains ou un coussin très fort sur mon visage et mes yeux, des étoiles flamboyantes m'apparaissent, grandes et petites, des soleils multicolores et incandescents se métamorphosent en zigzags changeant à une allure folle et je vois les couleurs les plus magnifiques, comme il n'y en a que dans le ciel. Je raconte tout ça à Hans Lachs et après, il faut que je sois tout de suite l'oracle de Delphes. Hans Lachs est venu avec les enfants Schweinwald, ils apportaient sur un plateau du charbon de bois qu'ils avaient volé dans le fer à repasser d'Elise, ils ont posé cette cochonnerie devant mon lit, et ils ont allumé le charbon de bois pour que je sois vraiment entourée de la fumée et des brouillards de l'oracle. Ensuite, j'ai appuyé un coussin sur mes yeux et j'ai dû annoncer en chantant ce que je voyais. Hans Lachs interprétait les signes, y voyait des commandements supérieurs, à savoir qu'il devait se rendre le jour même avec les enfants Schweinwald au Vieux Marché pour y jouer au théâtre de marionnettes. J'étais terriblement en colère qu'ils veuillent commencer sans moi, nous avions mené ce projet ensemble depuis longtemps pour gagner de l'argent, nous avions cousu des marionnettes, construit une scène, appris et répété des pièces merveilleuses, les gens allaient être étonnés, Hans Lachs et moi irions faire la quête à tour de rôle et par la suite, nous parcourrions peut-être le monde avec notre entreprise. J'étais bien sûr fâchée qu'ils veuillent commencer sans moi et que je sois seulement l'oracle. En plus, Hans Lachs a dit devant les enfants Schweinwald que je n'étais, en tant qu'oracle, qu'un instrument de peu de valeur et que c'était lui, l'interprète, le personnage véritablement important. J'ai trouvé ça trop bête et j'ai donc proclamé d'une voix chantante : « Hans Lachs est un sale cochon. » Nous ne pouvions malheureusement pas vraiment nous battre puisque j'étais au lit et malade, Hans Lachs est parti furieux, les enfants Schweinwald derrière lui, laissant le charbon de bois fumer et sentir mauvais. Je me suis trouvée mal.

Quand j'ai dû retourner à l'école, ma mère m'a donné une lettre d'excuses adressée à notre maîtresse, Mlle Schnei. Mlle Schnei n'a pas vraiment regardé la lettre et l'a simplement jetée très vite dans le tiroir de son bureau. Je n'ai pas arrêté d'y repenser.

Comme je ne pouvais plus, à cause de la dispute avec Hans Lachs, gagner de l'argent avec notre théâtre et que c'était bientôt Pâques, j'ai voulu faire d'autres affaires et vendre mes vieux livres d'école à une enfant d'une classe en dessous de la mienne. Il ne fallait pas que ma famille l'apprenne, j'ai dit simplement : « J'aimerais tant relire mes vieux livres de classe, apprendre, voir si je n'ai rien oublié. » Ils ont trouvé que c'était une bonne idée, sans parvenir à la comprendre ni à y croire vraiment.

J'ai négocié très longtemps ces livres avec Mütti Kugel de la classe en dessous de la mienne, c'est l'enfant la plus sotte qu'on puisse imaginer. Elle est toujours persuadée qu'elle ne passera pas dans la classe supérieure à Pâques ; c'est la raison pour laquelle elle a peur de demander de l'argent à sa mère pour les livres dont elle aura besoin l'année prochaine, et pourtant je les lui vends vraiment aussi bon marché que possible. Ces livres n'ont plus très belle allure et tout le monde sait que Mütti Kugel ne passera jamais dans la classe supérieure. J'essaie quand même de la convaincre de toutes mes forces qu'elle passera, pour la consoler et vendre mes livres. J'ai tout raconté à M. Kleinerz et il a dit qu'il lui semblait plus facile de vendre un pantalon à une abbesse que de faire affaire avec Mütti Kugel. Je comprends maintenant pourquoi mon père a parfois tant de mal dans son travail de commerçant.

Ça a été affreusement difficile d'obtenir un paiement de Mütti Kugel, j'étais parfaitement épuisée, comme l'est parfois mon père. Au moins, j'avais un peu d'argent et je me suis tout de suite mise en quête de mes deux meilleures amies. Nous avons eu beaucoup d'ennuis ce matin-là, Gretchen ne pouvait s'empêcher de pleurer et nous, nous devions la consoler. Elle avait fait vingt-sept fautes dans sa dictée française, ce qui ne la troublait pas outre mesure, mais elle devait rapporter le cahier le lendemain avec la signature de sa mère et elle avait été idiote au point de ne pas dire tout de suite que sa mère était en voyage en Scandinavie. C'est pourquoi elle pleurait.

Nous avions pourtant tout arrangé entre nous depuis longtemps. Nos parents étaient très souvent convoqués à l'école, les maîtresses disaient des choses horribles sur nous et ensuite, nous n'avions plus que des ennuis abominables à la maison. Nous avons alors fait mener à nos parents une vie extrêmement intéressante, comme celle de Mme von Krahwald que nous connaissons bien. Nous disions juste tristement aux institutrices que nos parents n'arrêtaient pas de voyager à travers le monde entier. Nous les faisions voyager aussi loin que possible, dans des endroits dont ils ne pouvaient pas rentrer très vite. Elli Puckbaum, Gretchen et moi nous étions très équitablement réparti les pays. J'ai laissé mes parents pendant une éternité en Égypte et Elli a dit que son père participait à une expédition très dangereuse au centre de l'Amérique latine.

Pour Gretchen, nous avions mis sur pied un voyage en Scandinavie et elle a oublié de l'utiliser. Gretchen devait évidemment être à bout de nerfs, nos mères le sont souvent aussi. Elli et moi étions aussi à bout de nerfs et nous voulions donc nous détendre un peu, comme les adultes. Puisque j'avais l'argent de Mütti Kugel, nous avons pu passer la matinée chez le glacier Monatto au lieu d'aller à l'école. Nous avons donc récupéré en cachette les anciennes lettres d'excuses de nos parents dans le bureau de Mlle Schnei. Cette année, Gretchen a été malade un jour et Elli, deux. Il y avait encore la lettre de ma mère qui m'excusait pour un rhume de deux jours.

La matinée que nous avons passée chez le glacier Monatto était terriblement excitante, nuageuse et grise. Nous avons mangé du citron aux noix, de très nombreuses portions. Et de la glace framboise-vanille, celle que je préfère. Les autres de la classe faisaient un horrible devoir de calcul, je n'en aurais jamais été capable. Nous avons ricané très fort parce que nous n'avions pas à faire ce devoir, nous avons jeté nos cartables par terre et y avons posé nos pieds.

Le lendemain, j'ai dû sécher les cours seule avec Elli, parce que la lettre d'excuse de Gretchen n'était plus valable. Nous n'avions plus d'argent pour manger des glaces. Nous sommes restées sur le pont suspendu, nous avions froid, nous crachions sans cesse dans le Rhin. Nous avions terriblement peur que tout soit découvert, avons bêtement sorti nos lettres d'excuse de nos cartables et les avons regardées mille fois pour deviner si Mlle Schnei allait remarquer que nous avions coupé la date en haut.

Le Rhin était grand et puissant ; récemment, un homme a sauté depuis un pilier du pont, Elli m'a demandé si j'en serais capable. Je n'en savais rien, j'avais envie de sauter, plus tard je sauterais, j'avais peur – je m'imaginais tomber dans l'eau tout en ayant le vertige –, elle avait l'air grise, froide et méchante, sans soleil et sans amour. « Mon Dieu, ma lettre ! » J'ai crié, ma lettre nageait dans le Rhin.

Je l'ai laissée tomber, sans le vouloir et pourtant en le voulant. Je pensais que ce serait abominable si la lettre tombait, je pensais qu'il m'arriverait des choses terribles, et je voulais que la lettre tombe du pont et ne le voulais pas non plus. J'ai aussi pensé que tout changerait autour de moi, deviendrait intéressant et chaud, que nous n'aurions plus froid, ne nous ennuierions plus sur le pont froid, serions au contraire tout excitées. Je ne sais pas pourquoi je l'ai fait, je ne voulais pas du tout le faire et j'ai été ensuite très effrayée, mais contente aussi. Pourtant je ne pourrai jamais dire à Elli que je l'avais fait exprès. Elle a pensé que c'était de la malchance. J'avais honte, je me sentais inconvenante, je ne sais pas pourquoi.

Nous avons d'abord pensé que j'étais perdue. Mais il y avait encore dans le bureau de Mlle Schnei la lettre d'excuses de ma mère, de l'époque où j'avais dû manquer l'école pendant une semaine à cause de cette énorme quantité de fruits confits. Je n'étais plus du tout inconvenante ni heureuse, j'avais seulement peur et j'espérais que rien ne soit découvert. Elli et Gretchen m'apporteraient le lendemain après l'école la lettre de la semaine des fruits confits et je serais obligée de sécher les cours toute une semaine, il n'y avait rien d'autre à faire.

Je n'avais plus du tout la belle vie. Tous les matins, il fallait que je sorte de la maison à l'heure avec mon cartable pour que rien ne se remarque. Je partais toujours pour des quartiers de la ville très éloignés de l'école afin de ne pas être vue. Mes pieds se fatiguaient, il pleuvait sans interruption. Je m'asseyais dans d'horribles jardins mouillés sur des bancs solitaires et j'aurais préféré pleurer.

Je suis passée devant le musée Wallraff-Richartz et le chanoine Hihn est venu vers moi. Dieu merci, c'est un homme austère et pieux dont le regard est tourné vers l'intérieur et qui n'a pas conscience de ce qui se passe dans la rue. J'ai donc eu le temps de me réfugier rapidement dans le musée avant qu'il me voie.

Je me sentais un peu mal à l'aise, je n'étais encore jamais entrée dans un musée, mais je savais très bien qu'on peut y aller et venir et qu'on doit tout regarder comme dans les vieux châteaux. Par ailleurs, j'étais aussi contente de ne plus avoir à courir sous la pluie et j'ai décidé de me réfugier tous les jours au musée.

J'ai d'abord eu trop peur pour monter les escaliers et je me suis contentée de tourner en rond au rez-de-chaussée. Il y avait des pièces d'or, des tas, et des pierres dressées, comme quand Rudi Knipper joue avec ses boîtes de construction, des verres ennuyeux et des vases. Mais j'ai continué et j'ai vu quelque chose d'extraordinaire : un cercueil de verre avec dedans une vraie momie. Hans Lachs et moi avons lu un livre qui s'appelait *L'Éternel Secret du sphinx*, qui disait tout sur ce sujet, et j'ai alors su que ce livre disait la vérité, ce qu'Elise ne voulait pas croire. J'étais terriblement excitée, je n'avais de ma vie encore jamais rien vu d'aussi fabuleux.

Un gardien est venu vers moi et mes jambes se sont entrechoquées d'effroi. Je me suis dit : il va me chasser loin de la momie, ou il va prendre mon nom et me dénoncer à l'école, car on n'a jamais vraiment le droit de faire quelque chose d'intéressant et les enfants n'ont même pas le droit d'aller au cinéma. Mais le gardien était gentil, il m'a ébouriffé les cheveux et m'a parlé de la momie, de son âge et de la raison pour laquelle les Égyptiens l'avaient enveloppée comme ça. J'ai dit qu'elle ressemblait un peu à Mlle Biernack, ma professeure de piano, et le gardien a dit que c'était bien possible. Il avait connu récemment une frayeur mortelle, m'a-t-il dit, en croyant que la momie avait recouvré son autonomie, elle était debout à côté de son cercueil et regardait tout autour d'elle avec beaucoup d'intérêt. Cependant en s'approchant, il a vu que la momie était toujours sous son couvercle de verre ; l'autre momie était une vieille Américaine, la vraie momie n'était pas aussi fripée, et de loin. Ensuite, le gardien m'a montré quelques tableaux qui étaient terriblement chers et admirés par des gens de tous les pays. Je trouvais cependant que les tableaux n'étaient rien en comparaison de la momie et le gardien a dit qu'elle était en effet particulièrement belle.

Le lendemain, je suis directement allée voir la momie et les deux tombes contenant des squelettes que m'avait aussi montrées le gardien. On avait donné à ces squelettes une pièce de monnaie pour leur voyage dans l'au-delà. Pourtant on n'a pas besoin d'argent au ciel, et en enfer on vous l'enlève sûrement. Il serait bien plus juste de donner un peu d'argent aux enfants.

Je suis ensuite allée me promener à l'étage qui s'appelle le « Département ancien ». Des tableaux, des tableaux, des tableaux. Rien que des saints sanguinolents, je les ai déjà vus des milliers de fois à l'église. Les tableaux étaient certes colorés, mais pas beaux du tout. Seul le *Saint Antoine tourmenté par les démons* était intéressant, mais pas du tout autant que la momie.

En voulant retrouver la momie, je suis tombée sur une petite salle où se trouvait un grand tableau effrayant dont le titre était *Le Jugement dernier*. Il y avait d'un côté des jeunes filles nues aux cheveux jaunes et bouclés que des anges conduisaient dans une église, et de l'autre des diables et des dragons absolument abominables qui pinçaient des êtres humains verdâtres, affreusement gras. Sur le ventre, les diables avaient un autre visage avec d'horribles langues rouges. J'ai eu terriblement peur : sainte mère de Dieu, si je meurs maintenant, des diables avec des griffes de flammes viendront me chercher, pas un ange ne m'aidera, j'ai trop péché. J'aurais aimé me confesser tout de suite, me repentir, réciter des actes de contrition et de foi. Je ne pouvais pas m'empêcher de pleurer, parce que je voulais faire tellement de bonnes actions. « Oh ! regardez cette enfant, comme l'art l'émeut ! » a soudain dit derrière moi une voix sonore et énergique dans un mauvais allemand.

J'étais très effrayée, j'ai fait volte-face, une vieille dame était là, qui ressemblait à une Anglaise, comme celle qui était allée avec nous jusqu'à Königswinter un dimanche sur le bateau qui descend le Rhin. Il y avait à côté d'elle un petit homme à cheveux blancs et bouclés. J'aurais voulu les semer, mais la dame m'a fermement retenue. Elle m'a caressé le menton et j'aurais bien aimé lui mordre la main. Est-ce que je m'intéressais beaucoup à la peinture ? « Oui. » Elle me tenait toujours fermement et me regardait avec des yeux – comme on regarde les enfants pendant le cours de religion. J'éprouvais un obscur sentiment de dégoût. Si elle avait pu me laisser en paix ! Quel âge avais-je ? « Onze ans. » Elle a soupiré et l'homme frisé m'a posé la main sur la tête, ce que je ne supporte pas. Est-ce que je peignais ? « Oui. » Nous devons tous peindre pendant l'heure de dessin. « Ah ah ! » a fait la dame, et le petit homme a hoché la tête. Et ils ont dit que le gardien leur avait raconté que j'étais déjà venue la veille, était-ce vrai ? « Oui. » Pourquoi tremblais-je, pourquoi étais-je si timide, est-ce que j'avais des soucis ? J'ai crié : « Mais laissez-moi tranquille ! » J'ai pensé que ces gens étaient des diables qui s'étaient métamorphosés pour me punir et me torturer. La dame a alors dit au monsieur que j'étais certainement une enfant prodige et que mon âme de petite artiste souffrait de la dureté de la vie et de la brutalité du monde. J'ai compris que la dame n'était pas un diable, mais qu'elle m'admirait. Cependant quand elle m'a demandé où j'habitais, disant qu'elle voulait s'occuper de moi, je me suis arrachée à elle de toutes mes forces et je suis partie en courant.

L'après-midi, ma mère m'a appelée dans la salle de séjour. J'ai tout de suite senti à sa voix qu'il se passait quelque chose de mauvais. Ce n'était pas seulement mauvais, c'était affreux : la dame du musée était assise sur notre sofa. Mon Dieu, si seulement je n'avais pas raconté au gentil gardien où j'habitais et comment je m'appelais ! Je me sentais mal à en vomir, mes jambes ne me portaient plus et ma mère a demandé : « Madame dit qu'elle t'a vue hier et aujourd'hui au musée, comment se fait-il que tu y ailles le matin, toute seule ? » J'ai voulu dire que ce n'était pas moi, mais tout d'un coup, je n'ai plus eu aucune force. Je n'ai rien dit du tout. Est-ce que j'avais des dessins, la dame voulait voir mes dessins, a demandé ma mère avant de raconter qu'en enfant mal élevée que j'étais, je n'avais jamais dessiné que de vilains petits bonshommes sur la tapisserie claire de ma chambre et que j'avais toujours de mauvaises notes en dessin. Je n'ai rien dit du tout. Elles me posaient des questions mais je ne répondais pas. La dame a soupiré « Pauvre enfant » et elle a dit que c'était un crime de laisser périr un talent, de l'empêcher de se développer. Quand ma mère s'est mise en colère, elle a dit que oui, elle s'en allait, mais qu'elle reviendrait.

Si seulement je n'avais pas en plus dit à ma mère que Mlle Schnei m'avait ordonné d'aller au musée ! Les adultes se mêlent sans cesse des affaires des enfants et ma mère a bien entendu téléphoné à Mlle Schnei le soir même, avant que j'aie pu casser le téléphone ; je l'aurais fait, rien n'avait plus d'importance. Et ma mère parlait, j'entendais sa voix jusque dans mon ventre, elle me faisait mal, elle disait que j'étais toute perturbée, pourquoi envoyait-on une enfant toute seule dans un musée, elle était indignée. « Pardon ? Aucun enfant n'a jamais été envoyé au musée ? Mais... »

On m'a interrogée, interrogée, interrogée. Comment peut-on torturer ainsi, en tant qu'adulte, un pauvre enfant ? On a téléphoné dans toutes les directions, au père d'Elli et à la mère de Gretchen, et de plus en plus de choses se sont révélées, de plus en plus. Je n'ai pas réussi à dormir de toute la nuit, je ne pouvais pas m'empêcher de penser à la momie, au terrible Jugement dernier, et je me demandais si je n'étais pas, quand même, une enfant prodige, comme le pensait l'Anglaise, simplement incomprise de tous. J'ai pensé aussi que, si je le souhaitais très ardemment, je mourrais peut-être tout de suite et je n'aurais pas à vivre le lendemain avec son cortège d'horreurs.

Mais j'ai dû vivre le lendemain, Elli et Gretchen aussi. Nous étions assises dans le bureau de la directrice et nous pleurions toutes les larmes de notre corps. La mère de Gretchen était là, ainsi que la mienne et le gros M. Puckbaum. Il riait sans cesse et faisait des yeux terriblement effrayés quand nos mères le regardaient avec indignation.

La directrice est ensuite arrivée avec Mlle Schnei. Elles se sont immédiatement glissées avec ruse et méchanceté auprès de nos parents, personne ne nous prêtait attention à nous, les enfants, mais ça allait sûrement venir.

Ça a été effroyable. « Peut-être a-t-on trop laissé les enfants livrés à eux-mêmes, vous avez fait de très grands voyages, chère madame ? » a demandé Mlle Schnei. « Je suis allée pendant les vacances dans l'Eifel avec les enfants », a répondu ma mère. J'ai cru que tout le monde entendait les battements de mon cœur. « J'espère que vous êtes satisfait du succès de votre expédition, M. Puckbaum ?, a ensuite demandé la directrice d'une voix très douce. — On peut aussi bien appeler ça une expédition », a dit M. Puckbaum. Il est représentant en vins et ne parle presque que le dialecte de Cologne. « Eh oui, on peut dire qu'c'est une petite expédition. » Cette horrible directrice ne s'arrêtait plus de poser des questions. « Vous avez dû combattre des sauvages ? » M. Puckbaum a immédiatement frappé du poing sur la table : « Vous avez bien dit le mot qu'y fallait, mademoiselle, c'est des sauvages, rien que des sauvages. » La situation devenait de plus en plus terrible et inquiétante, Elli s'est mise à pleurer très fort. « Vous avez emporté beaucoup de matériel, M. Puckbaum ? — Ah non, a dit M. Puckbaum, juste quelques pauvres commandes, vous savez, ceux du Hunsrück, ils préfèrent la bière. »

Tout se révélait au grand jour, mais vraiment tout. Nous pleurions, nos mères aussi. M. Puckbaum a dit qu'il ne pourrait contempler plus longtemps cette désolation et a demandé s'il pouvait offrir un cognac à ces dames ? Et aussi qu'il fallait faire passer la bienveillance avant le droit.

Elles ont dit que nous étions perdues, qu'il fallait nous envoyer dans un établissement disciplinaire et qu'il nous faudrait des années pour devenir meilleures. Elles ont dit que j'étais l'élément moteur, qu'on réfléchirait plus tard à une punition parfaitement exemplaire et que pour le moment nous devions rejoindre notre classe.

Nous n'avions plus aucune envie de vivre et serions peut-être mortes de chagrin ; personne ne nous parlait et nous avions également peur de rentrer à la maison, mais quand l'école a été finie, M. Puckbaum est venu nous chercher. Il a dit : « Eh bien, vos affaires vont mal, mes petites ; Elli, si tu m'envoies encore une fois chez les Indiens, tu vas voir ce que tu vas voir et je m'en vais t'en envoyer un, moi, d'Indien ! Mais vous allez jamais arrêter de pleurer ? Venez au salon de thé, les enfants, on va boire une tasse de cacao, vous avez des têtes de cadavres. »

Il nous a permis à chacune de manger cinq portions de tarte à la crème, nous en avions vraiment besoin. Peu à peu, nous nous sommes senties mieux. M. Puckbaum a dit qu'il voulait agir sur nous uniquement de manière pédagogique et c'est ce qu'il a fait. Il a dit que tout avait commencé quand j'étais allée au musée et que la vieille cinglée m'avait prise pour une enfant prodige. Si une jolie chanson sur le Rhin avait du bon, toutes les autres formes d'art étaient terriblement dangereuses, il fallait nous en tenir aussi éloignées que possible. Il en connaissait beaucoup, nous a-t-il raconté, qui avaient sombré dans la misère parce qu'ils s'étaient occupés d'art, et nous venions nous-mêmes d'en avoir un avant-goût. Il nous fallait tirer une leçon de cette journée.

La grande passion

Ce soir, ma mère est entrée dans ma chambre et m'a demandé : « Qu'est-ce que tu fais ? » J'ai dit : « Pourquoi ? Que veux-tu que je fasse, je ne fais rien du tout. » J'ai ressenti une peur mortelle et immédiatement glissé mes pieds sous ma couverture en même temps que le dictionnaire français sur lequel j'avais craché pour colorer en rouge mes ongles de pieds. C'est parce que le dictionnaire a une reliure rouge qui déteint. Et je voudrais tellement être aussi belle et élégante que Rena Dunkel, surtout en ce moment où j'aime avec passion. Rena Dunkel met souvent du vernis sur ses ongles. Je souffre beaucoup. Beaucoup sont déjà morts d'amour, c'est un miracle quand tout va bien.

En tout cas, il faut toujours être bien équipée, comme les anciennes princesses d'Orient qui ont souvent été aimées avec ardeur. Rena Dunkel a des romans sur ce sujet. Et demain après-midi, je vais aller voir Theo Samander pour lui dire que je n'épouserai jamais un autre homme que lui, puisque je l'aime. Je ressens une angoisse gigantesque, mon cœur ne cesse de battre comme un fou. Tous les jours je veux aller le voir, depuis trois semaines déjà, mais je le ferai demain à coup sûr. Je dois le faire, parce que j'ai juré à Rena et à Elli Puckbaum que je ferai demain la chose la plus importante de ma vie. Je ne leur ai pas dit exactement de quoi il s'agissait, mais elles attendent maintenant ce grand événement et il faut respecter ses serments. Pour ne pas avoir peur de nouveau, j'ai donné pour moi-même à mon serment une forme épouvantable, en me disant le soir dans mon lit avec beaucoup de fermeté : si je ne vais pas demain chez Samander, je perdrai un œil, ma mère ne m'aimera plus du tout et mon père se rendra compte que j'ai vendu sa collection de timbres de quand il était jeune. Parce que j'avais terriblement envie de porter des bas en voile comme Gretchen Katz et Elli Puckbaum, alors que Tante Millie ne m'achète que des gros bas à côtes.

Maintenant, j'ai prêté serment et je dois aller voir demain Theo Samander. Même si je préférerais de beaucoup l'aimer de loin.

Je viens d'avoir treize ans et c'est une bêtise et un crime de me traiter encore en enfant. Je n'aurai le droit de me marier que dans trois ans, c'est encore loin, mais ce temps-là passera lui aussi. J'attendrai Theo Samander. Elli et moi avons rencontré hier Lydia Grohmann à la piscine Hohenstaufen. C'est une fille qui nous parle parfois, bien qu'elle soit deux classes au-dessus de nous. Elle a dit que nous n'avions pas de soucis à nous faire pour notre développement, que nous avions déjà des amorces de seins.

J'ai réfléchi avec Elli au problème de savoir quel lien réel existe entre le mariage et l'amour passionné, et quel rapport ça a avec le fait d'avoir des enfants. L'affaire des enfants n'est pas encore totalement claire pour nous, mais nous ne croyons pas que ça ait un quelconque rapport avec l'amour véritable. Un jour, nous avons essayé d'aller lire tout ça en cachette dans le fumoir des Puckbaum. Gretchen Katz a en effet raconté qu'elle avait entendu son cousin dire que tout ça était dans le dictionnaire. Nous avons donc cherché le mot « avoir des enfants », mais le cousin de Gretchen s'était évidemment moqué d'elle, le mot « avoir des enfants » n'y est pas.

En tout cas, ça n'a sûrement rien à voir avec l'amour. Vraiment, j'ai lu suffisamment de livres et de pièces de théâtre et je sais qu'aimer signifie se tenir étroitement enlacés. C'est bien ce que je veux faire. On se couvre aussi parfois de baisers ardents, mais ça ne me plaît pas beaucoup. À Noël, je dois embrasser tous les parents que nous invitons et ils m'embrassent. J'ai le visage tout mouillé, c'est répugnant et je sors de la pièce en courant pour m'essuyer bien vite. Ils pensent que je suis émue et je le suis en effet, mais je m'essuie quand même. Pour le moment, je préférerais largement pouvoir aimer passionnément Theo Samander sans baisers ardents.

Je voudrais aussi mourir pour lui, faire de grands sacrifices et ce que je préférerais par-dessus tout, c'est de lui sauver la vie. Le plus beau serait que je puisse le sortir d'une maison en flammes, il serait ensuite en sécurité, mais une dernière poutre s'effondrerait sur ma tête, je perdrais connaissance et tout le monde s'agenouillerait en sanglotant autour de moi. Je me raconte parfois cette scène la nuit dans mon lit.

Je voudrais aussi pleurer près de lui et répéter combien je suis mauvaise, je rêve qu'il pose alors sa main sur ma tête, qu'il m'attire à lui et me console de moi-même. Cette scène de consolation est certainement la plus belle de toutes. Quand j'y pense, je ne peux pas m'empêcher de pleurer. Il dira : « Quelqu'un qui pleure comme toi et est aussi malheureux a une nature noble », je serai complètement bouleversée, allongée dans ses bras. Il voudra me calmer mais je ne me laisserai pas faire. En effet je n'arrive pas à m'imaginer, dans l'idée que je me fais de ce moment, comment les choses continueront quand je serai calmée. Le plus beau sera passé.

Parfois aussi, bien sûr, j'aimerais qu'on m'emporte, en liesse, dans la montagne parmi les troupeaux de moutons, comme Marta emportée par Pedro dans l'opéra *Tiefland*. Mais que se passe-t-il quand Pedro pose Marta à terre dans la montagne ? Est-ce que tout le merveilleux se termine ? Je crois que le plus beau et le plus noble dans l'amour, c'est le désespoir. Mais ma mère aime mon père et elle n'est pas du tout désespérée, sauf parfois à cause de moi. Je pense que ce n'est pas un véritable amour, aussi passionné que celui qu'on voit dans les opéras et que je vis en ce moment.

Je dois mon amour passionné à Rena Dunkel. Elle est divorcée, c'est une lointaine cousine de ma mère qui est en visite chez nous depuis sept semaines. Tante Millie ne peut pas la supporter, ma mère ne peut pas la supporter, aucune femme ne peut la supporter. Elle m'a montré une lettre d'un homme merveilleux, qui lui a écrit qu'elle était belle comme un ange de Dieu. Elle l'est en effet. Elle a une chemise de nuit en soie bleue très légère, des cheveux comme de l'or et des cils comme de petits éventails noirs. Depuis que Rena est chez nous, tous les soirs, sans aucune exception, M. Kleinerz vient nous voir et mon père ne me dit plus jamais un mot plus haut que l'autre au déjeuner. Ma mère a dit à Tante Millie qu'elle préférerait que mon père redevienne coléreux de temps à autre et qu'il jure comme autrefois.

Rena rit tout le temps. Mais il arrive qu'elle passe toute la matinée dans la salle de bains et des heures entières dans la baignoire. Elle dit qu'elle a parfois des dépressions le matin, c'est sa tristesse, et qu'elles s'atténuent très vite quand elle prend un bain. Je n'ai pas le droit de rester dans l'eau plus de vingt minutes, pas une de plus, mais quand je serai grande je ferai comme Rena. Elle lit des livres dans la baignoire, y fume des cigarettes. Tante Millie dit que c'est du vice et que ça correspond tout à fait à l'image qu'elle s'en faisait.

Rena vient parfois s'asseoir sur mon lit la nuit, elle pleure et me parle de l'amour. Elle attend un homme qui doit venir à Cologne. Et l'amour a fondu sur moi aussi parce qu'elle m'a emmenée deux fois à l'opéra. On jouait une fois *Tiefland* et l'autre fois *Tannhäuser*, et Theo Samander a chanté les deux fois, le rôle de Pedro puis celui de Tannhäuser. Après, j'avais envie de pleurer, je ne pouvais pas parler, je voulais rester digne et supraterrestre, tuer tout ce qu'il y a d'impur en moi et même ne plus manger. Je n'y suis malheureusement pas arrivée.

Je suis allée voir Theo Samander, j'y suis vraiment allée. Il habite sur le Hohenzollernring, assez haut.

À chaque étage je me suis assise dans l'escalier, luttant contre moi-même pour savoir si je ne préférais pas partir en courant. J'avais mis en cachette une robe gris clair appartenant à Rena, mais la jupe était terriblement longue et ample, il fallait que j'en roule une partie sous la veste en un gros boudin coincé à la hauteur de la taille. Ça ne se voyait pas, mais la jupe était quand même un peu trop longue. En tout cas, je crois que j'avais l'air parfaitement adulte. J'aurais bien demandé à Rena de me prêter son renard, mais elle n'était pas là. J'ai trouvé dans le grenier un vieux renard appartenant à ma mère et je l'ai mis ; on fait tout de suite un autre effet. Je me suis aperçue à la lumière, dans la rue, que la fourrure n'avait malheureusement presque plus de poils, ma mère a bien raison de mener une chasse impitoyable aux mites, et qu'elle ressemblait plutôt à un chiffon pour nettoyer les vitres. Je l'ai donc portée tout simplement sur le bras, de l'air négligent d'une vraie dame.

J'avais aussi des fleurs, un grand bouquet de lilas que j'avais volé la veille au soir au péril de ma vie dans la forêt municipale. J'étais malheureusement très pressée et énervée, j'ai coupé les tiges trop courtes et, en plus, il a fallu que je les cache pendant la nuit dans mon armoire pour que personne ne les voie. Le bouquet n'était donc plus aussi magnifique que ce que j'aurais voulu.

J'ai sonné en haut et une petite femme m'a ouvert. Son visage était un peu fripé avec de grands yeux bruns et elle a dit que M. Samander n'était pas là. J'ai presque soupiré de soulagement, mais l'amour pour lequel je dois me battre jusqu'au bout a de nouveau fondu sur moi. Et, puisque j'étais déjà allée jusque-là, je suis entrée dans le vestibule, je me suis assise sur une chaise et j'ai dit que je voulais l'attendre. La petite femme m'a regardée et m'a demandé si c'était important, parce que sinon je pouvais le lui dire : elle était Mme Samander. J'ai répondu que c'était la chose la plus importante au monde.

La femme est allée dans une pièce, j'ai éprouvé une sensation curieuse dans l'estomac et ma jambe gauche a commencé à s'engourdir. L'appartement sentait le renfermé, une pendule n'arrêtait pas de faire tic-tac, une couronne de laurier avec un ruban rouge et or était accrochée au mur ainsi qu'un portrait de Theo Samander brandissant joyeusement une coupe. Je n'avais jamais pensé qu'il pût avoir une femme, mais cela ne pouvait que m'être parfaitement indifférent. Il divorcera, Rena aussi est divorcée. J'ai réfléchi précisément à ce que je lui dirais : jamais une autre femme ne pourra l'aimer aussi passionnément que moi. Il faudra qu'il s'en rende compte.

La femme est alors réapparue et a demandé : « Peut-être prendras-tu une tasse de thé avec moi – ou bien faut-il déjà dire "vous" ? » J'ai répondu très tranquillement : « Il ne faut quand même pas oublier que dans trois ans je serai assez développée pour me marier. »

J'avais terriblement chaud, il fallait que j'enlève ma veste, ce que j'ai fait dans l'agitation. Ma jupe a immédiatement glissé. Je me suis empressée de dire que j'avais épouvantablement froid et j'ai remis ma veste.

Nous avons bu du thé, j'ai avalé de travers. Toute la pièce était pleine de couronnes de laurier des plus merveilleuses. Partout où l'on regardait, il n'y avait que des couronnes de laurier et, sur l'un des rubans, on lisait : « Au chanteur divin. » Mon Dieu, je savais bien qu'il était divin. J'avais du chagrin pour sa femme, mais si j'épouse Theo Samander, nous devrons emporter toutes les couronnes de laurier.

Il y avait à manger du pain avec de la gelée de framboise, ce que j'aurais beaucoup aimé, mais je n'ai pas osé parce que j'avais peur de faire des taches, devant cette femme et sur la veste de Rena. La femme m'a finalement préparé une tartine avec de la gelée.

Je me suis dit qu'on pourrait peut-être quand même lui laisser deux ou trois couronnes de laurier.

J'ai parlé un peu de mon école et elle a dit que son mari avait une répétition en soliste pour son rôle de Tristan. Elle était si gentille que je me suis dit qu'elle pouvait sans problème garder la moitié des couronnes de laurier et que Theo Samander en recevrait toujours de nouvelles.

Soudain on a téléphoné et la femme m'a dit que malheureusement, son mari ne repasserait pas à la maison après la répétition, qu'il irait directement dîner avant de se rendre à la représentation. Il fallait donc que je parte. La femme a dit gentiment que je devrais revenir bientôt.

J'ai pensé dans l'escalier que, à l'avenir, je ne voudrais plus garder aucune des couronnes de laurier. Et j'ai pensé que c'était quand même terriblement dommage qu'un homme qui a déjà une femme n'ait pas le droit d'en épouser une autre. Ce serait quand même la chose la plus simple au monde, pourquoi n'est-ce pas possible ?

En fait, je n'avais plus aucune envie de retourner chez Theo Samander. J'avais respecté mon serment et je préférais désormais l'aimer de loin et rêver de lui la nuit.

Dieu merci, Rena ne m'a pas demandé ce qu'il était advenu de mon grand projet. Elle devait de toute façon avoir bien d'autres choses à penser. En revanche Elli ne m'a pas laissée tranquille, d'ailleurs elle savait déjà quelques détails de mon amour passionné, elle m'admirait, me faisait mes devoirs de mathématiques et effeuillait pour moi les marguerites comme des oracles d'amour. Je ne pouvais pas lui dire ce qui s'était vraiment passé, à savoir rien passé du tout. Je lui ai donc raconté que j'étais allée chez Theo Samander, mais que je n'avais pas le droit d'en dire un mot. Elli a tout de suite été terriblement excitée et a demandé : « Ah, comme je vous envie, est-ce que vous vous êtes embrassés ? » J'ai réfléchi et j'ai dit : « Non, nous avons marché main dans la main vers le soleil. » J'ai en effet lu que les amoureux le font souvent. Elli a demandé : « Dans la chambre ? » et j'ai dit : « Oui, depuis la porte jusqu'à la fenêtre », bien que ça se passe normalement toujours dans des landes en fleurs et des champs de blé. J'ai ensuite été obligée de dire à Elli qu'il s'était agenouillé devant moi et qu'il avait chanté.

Je devais tous les jours raconter à Elli quelque chose de nouveau, mon amour passionné devenait de plus en plus passionné, et tout était beau comme dans la réalité. Quand je racontais tout ça à Elli, il m'arrivait de croire que c'était la vérité.

Et tout a tourné au désastre. Rena ne peut plus m'aider, elle est partie et va épouser un homme qui est la chose la plus cruelle du monde : un maître d'école. Dans un petit village sur les bords de l'Ahr. Rena a dit elle-même que ça l'étonnerait que ça marche, mais qu'elle ne pouvait rien faire contre l'amour. Quand je saurai où elle est, j'irai me réfugier auprès d'elle.

Aujourd'hui, je dois aller chez ma directrice. J'ai la tête brisée, je n'arrive plus à pleurer. En fait, Elli est responsable de tout. Elle avait juré de ne jamais révéler mon secret à âme qui vive, jamais. Mais elle n'a pas pu résister et a tout raconté à Gretchen Katz, à qui elle a fait jurer de ne rien répéter. À son tour, Gretchen Katz n'a pas tenu et a tout raconté à Cordula Minnig, en lui faisant jurer de ne rien dire à personne. Cordula Minnig a tout raconté à Lissy Jungklang, et c'est de Lissy Jungklang qu'est venue la plus grande abomination : elle a tout raconté à son père. Elle n'a plus eu le droit d'aller à l'école, mais le professeur Jungklang y est venu rencontrer la directrice et lui dire qu'il ne laisserait pas son enfant si pure dans ce marais sordide où une plante prématurément pervertie vivait des amourettes avec un ténor. La jeune plante pervertie, c'est moi.

Je suis partie de l'école en courant, avec Elli à mes trousses, même si nous avions encore un cours de dessin. Nous sommes maintenant assises sur un banc de la forêt municipale. Elli portera tout ce fardeau avec moi, réparera sa faute et m'offrira son chapelet d'or. Je l'accepterai. Elle ignore que je lui ai menti, elle croit que nous pouvons aller chez Theo Samander et nous enfuir avec lui. Mon Dieu !

Elli finira par apprendre que je lui ai menti. La directrice et le professeur Jungklang ne me croient pas quand je dis que ce ne sont que des mensonges. Je vais quitter l'école. Ce soir, mes parents sauront tout. Et quand je pense que Theo Samander et sa femme sauront tout eux aussi, je sens ma tête me brûler comme si j'avais la fièvre.

Il est certain que je ne survivrai pas à tout ça. Mais si jamais j'y survis, je n'aimerai plus passionnément. Jamais, jamais, jamais de toute ma vie. L'amour est la chose la plus dégoûtante qui existe au monde et aucune petite fille solitaire ne peut supporter les souffrances de l'amour, je le sais désormais avec certitude.

Table des matières

Achevé d'imprimer en février 2017
sur les presses de la CPI (Bussière)
pour le compte des éditions Agone,
BP 70072, F-13192 Marseille cedex 20

Cet ouvrage a été préparé
grâce à des logiciels libres assemblés
dans la suite informatique SMAG 0.4.7
et mis en page sous XeLaTeX

Diffusion-distribution en Belgique, en France et en Suisse
Les Belles Lettres – BLDD
25, rue du Général-Leclerc,
F-94270 Le Kremlin-Bicêtre
Tél. 01 45 15 19 70 — Fax 01 45 15 19 80
Diffusion-distribution au Québec
Dimédia
539, bd Lebeau, Ville Saint-Laurent
(Québec) Canada H4N 1S2
Tél. (514) 336-3941 — Fax (514) 331-3916

Dépôt légal 1er trimestre 2017
Bibliothèque nationale de France
Numéro d'impression : 2028382
Imprimé en France